EDUCOMUNICAÇÃO
O QUE É E COMO FAZER

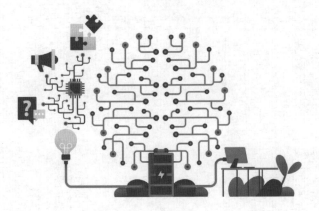

Conselho Acadêmico
Ataliba Teixeira de Castilho
Carlos Eduardo Lins da Silva
Carlos Fico
Jaime Cordeiro
José Luiz Fiorin
Tania Regina de Luca

Proibida a reprodução total ou parcial em qualquer mídia sem a autorização escrita da editora.
Os infratores estão sujeitos às penas da lei.

A Editora não é responsável pelo conteúdo deste livro.
O Autor conhece os fatos narrados, pelos quais é responsável, assim como se responsabiliza pelos juízos emitidos.

Consulte nosso catálogo completo e últimos lançamentos em **www.editoracontexto.com.br**.

MARCIEL CONSANI

EDUCOMUNICAÇÃO

O QUE É E COMO FAZER

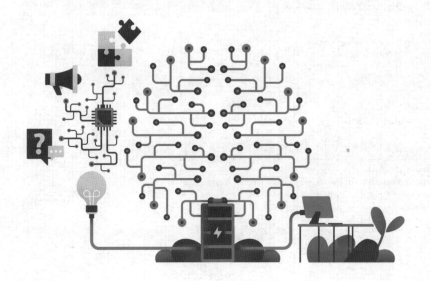

Copyright © 2024 do Autor

Todos os direitos desta edição reservados à
Editora Contexto (Editora Pinsky Ltda.)

Montagem de capa e diagramação
Gustavo S. Vilas Boas

Preparação de textos
Lilian Aquino

Revisão
Daniela Marini Iwamoto

Dados Internacionais de Catalogação na Publicação (CIP)

Consani, Marciel
Educomunicação : o que é e como fazer / Marciel Consani. –
São Paulo : Contexto, 2024.
160 p. : il.

Bibliografia
ISBN 978-65-5541-498-1

1. Educação 2. Comunicação I. Título

24-2681 CDD 370

Angélica Ilacqua – Bibliotecária – CRB-8/7057

Índice para catálogo sistemático:
1. Educação

2024

EDITORA CONTEXTO
Diretor editorial: *Jaime Pinsky*

Rua Dr. José Elias, 520 – Alto da Lapa
05083-030 – São Paulo – SP
PABX: (11) 3832 5838
contato@editoracontexto.com.br
www.editoracontexto.com.br

Sumário

PREFÁCIO 7

INTRODUÇÃO
O QUE ESPERAR DESTA OBRA? 9

VAMOS COMEÇAR PELA PRÁTICA? 15

    O que é um projeto educomunicativo? 15

    Como se constrói um projeto educom? 22

    Quais são os diferenciais de um projeto educom? 26

EDU… O QUÊ? 35

    Um pouco de história 35

    Do conceito à palavra 41

    O que *não* é educomunicação? 50

EDUCOM NO BRASIL E NO MUNDO 59

    Um pouco de geografia 59

    Galeria de personagens 62

    Centros de estudo 68

VERTENTES E INTERFACES SOCIAIS: AS FACES DA EDUCOM...........71

Ainda sobre a pesquisa fundante...........71

Éramos quatro (mais uma)...........73

NOVAS DEMANDAS, NOVOS APORTES...........87

Será que já entendemos o que é educom?...........87

QUAL O LUGAR DA EDUCOM?...........97

Educom e políticas públicas: um casamento feliz?...........97

De volta às origens: práticas educomunicativas no terceiro setor...........102

Promoção da cidadania e direitos humanos...........103

O futuro já chegou? Educom vai para o (hiper)espaço...........106

EDC: educação e difusão do conhecimento...........109

O nome das coisas: revisando a taxonomia educom...........110

COMO TORNAR-SE EDUCOMUNICADOR(A?)...........117

Onde procurar informações?...........117

Onde estudar educom?...........120

Onde os educomunicadores trabalham?...........121

O começo do fim (deste livro)...........124

EPÍLOGO
OS PROJETOS, OS CONCEITOS...........127

Vocabulário básico da educomunicação...........141

Referências...........155

O autor...........159

Prefácio

A escola é muito mais do que um espaço para aprendizagem de conhecimentos curriculares, é um ambiente vital para o diálogo e a interação. O silêncio como norma não cabe mais em um espaço em que as vozes pulsam. A escola é lugar para conversar porque as vozes dos estudantes importam, pois eles são o público-alvo da educação. Ouvir os alunos não apenas demonstra respeito, mas também fornece *insights* valiosos sobre como melhorar o processo educacional.

Ao estabelecer confiança por meio do diálogo, os educadores entendem melhor as necessidades e expectativas de meninos e meninas. A educomunicação age nesse contexto, integrando a comunicação efetiva e afetiva no cotidiano escolar. A educação, quando aliada à comunicação, torna o processo educacional mais inclusivo, integral e equitativo, beneficiando toda a comunidade escolar.

A educomunicação não pode ser definida como uma tecnologia, um método, uma estratégia. Está mais para um estilo de lidar com os diferentes ambientes de socialização na escola: sala de aula, pátio na hora do recreio, corredores de acesso dos estudantes a salas de aulas, ambientes virtuais de aprendizagem, rede sociais, grupo de WhatsApp e até nos banheiros. Por incrível que pareça, pulsa também nesses espaços um ambiente de solidariedade, de empatia, de troca, de respeito, de confidências e intimidade coletiva.

Rádio-escola, agência de notícias estudantil, núcleo de produção audiovisual, oficina de quadrinhos, cineclube, mostra fotográfica, jornal comunitário e canal de comunicação on-line em uma rede social, todos são ecossistemas que acomodam ideias e expressões dos estudantes, e a interdisciplinaridade flui nas pautas e nos conteúdos veiculados nos canais de comunicação dos jovens. Assim, um projeto de educomunicação é mais que uma atividade: é uma experiência significativa.

A importância desta obra, escrita por Marciel Consani, um desbravador da educomunicação desde 2001 com Educom.Radio, é uma "belezura", como diz Paulo Freire. Apoiará a formação de professores, estudantes e interessados neste processo que potencializa a produção midiática na escola e a leitura crítica da mídia.

Desejo a todos uma boa leitura e espero que se deixem imergir no mundo do bem-viver propiciado pela educomunicação.

Carlos Alberto Mendes de Lima
Educomunicador e criador do Programa Imprensa Jovem

INTRODUÇÃO
O que esperar desta obra?

QUE LIVRO É ESTE?

Este livro é um ponto de partida para diálogos "entre" e "com" educadores. É uma obra de caráter introdutório, considerando que, embora a educomunicação já seja conhecida por muitas pessoas, ainda é uma grande desconhecida por parte da sociedade e, particularmente, de estudantes e professores a quem ela poderia beneficiar.

Ao longo das últimas décadas, a educomunicação foi incorporada por diversas esferas do setor público, ganhou o reconhecimento acadêmico como um objeto de estudo importante e, principalmente, revelou-se um ramo altamente requisitado de atividade profissional e, mesmo assumindo diferentes formas e nomes, se mantém coesa em abordagem e propósitos. Aliás, "abordagem" é a visão defendida aqui sobre a terminologia adequada para tratar da educomunicação. Nessa visão, ela poderia ser definida como uma abordagem educacional centrada nos processos de comunicação geridos de forma horizontal e aberta e protagonizada pelos educandos. Essa "pré-definição" ressalta três pontos recorrentes em nossa explanação: a ênfase nas relações comunicativas, a gestão democrática e o protagonismo discente, mas, atenção: ela assinala apenas o início de uma jornada de descobertas para a qual você está convidado!

> *Uma breve anedota: corria o ano de 2006 e assumi a coordenação rotativa do curso Formação Continuada em Mídias na Educação, um curso online pioneiro criado por iniciativa do MEC e visando a especialização de professores da rede pública.*
>
> *Entre as minhas atribuições, eventualmente, participei de reuniões na sede do MEC, em Brasília. Numa dessas ocasiões, dividi um quarto de hotel com outro professor universitário que eu não conhecia. A certa altura, ele ficou curioso para saber de que tratava essa tal "educomunicação" da qual eu tanto falava. Após uma breve explanação, ele se manifestou de forma incisiva: "– Essa coisa aí que você falou parece ser muito boa, inovadora e tal..., mas você tem que falar pro seu pessoal mudar esse nome... é muito feio... um negócio chamado 'Educomunicação' não vai pra frente, não tem como dar certo!".*
>
> *Cinco anos depois, a licenciatura em educomunicação da ECA/USP abria suas primeiras trinta vagas noturnas para acolher os interessados nessa área, até então pouco conhecida e comentada. Felizmente, o vaticínio daquele meu colega e interlocutor transitório não se concretizou. O resto é história... que merece ser contada!*

A trajetória histórica, pontuada por descobertas pedagógicas, sistematiza-ções e interpretações diversas, é objeto de nossa explanação, principalmente nos capítulos iniciais do livro, nos quais nos propomos a reconstruir o trajeto conceitual e histórico da educomunicação. Uma vez estabelecidas essas bases conceituais, pretendemos avançar muito além da compilação de informações retiradas de outras obras e fontes, visando apontar tendências e antecipar inovações que consideramos iminentes e necessárias. Ao final, agregaremos informações que ajudem leitoras e leitores a consolidar uma percepção ampla e atualizada do que representa, nos dias de hoje, a abordagem educomunicativa.

Um detalhe importante: para evitarmos a repetição constante da mesma palavra, alternamos o termo educomunicação com a sua versão reduzida "educom" e a sigla EC.

QUEM É O AUTOR QUE LHES ESCREVE?

Definitivamente, não me considero alguém que sente prazer falando de si próprio ou de sua trajetória, ainda mais quando esta última aparenta ser tortuosa e truncada com mudanças de áreas de conhecimento e lacunas

Introdução

evidentes (é só buscar meu nome no currículo *Lattes*). Feita a ressalva, prefiro me apresentar como pesquisador e professor da educomunicação disposto a compartilhar suas narrativas na busca de aumentar, ele mesmo, sua compreensão a respeito de um tema importante e atual.

Assim, antes de tudo, me apresento como pesquisador do tema, pois este é, na prática, o papel principal que se espera de um acadêmico em uma grande universidade pública – até mais do que o exercício da docência. Dizer isso pode parecer uma crítica (ou pior: uma queixa), então, cabe esclarecer que a pesquisa é a atividade mais importante das universidades, já que as mais bem colocadas nos *rankings* mundiais são aquelas que se destacam como "Centros de Pesquisa" e pelo volume de trabalhos publicados.

Para mim, exageros à parte, faz sentido haver esse diferencial entre uma Instituição de Ensino Superior (IES) focada na geração de saberes (pela pesquisa) e outra dedicada, basicamente, à formação profissional (pela docência). Nessa lógica, entendo que se a universidade não produz – mas apenas reproduz – conceitos, ela está privando seus e suas estudantes dos avanços do conhecimento, sempre em evolução.

Isso nos leva à minha "segunda camada de identidade", na qual eu me apresento como professor. Esta é uma atividade que exerço há pelo menos três décadas, o que, para mim, significa permanecer na profissão por opção consciente e não por falta de escolhas. Na verdade, eu posso afirmar com certeza que gosto muito de lecionar, ato que considero profundamente dialógico, muito diferente da simples transmissão de informações.

Por último, mas não menos importante, o meu cartão de visitas (figurativo) é o de educomunicador. Acontece que nem sempre meus interlocutores estão familiarizados com a educomunicação, de modo que é mais fácil me apresentar como professor-pesquisador e, na sequência, explicar minha área de atuação.

Até bem pouco tempo atrás, o desconhecimento sobre o tema era tanto que eu me sentia parte de um pequeno grupo, quase uma confraria de iniciados. Graças a uma divulgação dos trabalhos e, principalmente, dos cursos de licenciatura e bacharelado, a educom vem, cada vez mais, furando as bolhas.

Aliás, posso considerar que esta seja a missão principal deste livro!

A QUEM SE DIRIGE ESTE LIVRO?

A obra que você está lendo se destina, em princípio, a educadores.
Mas como definir um educador?

Grande parte dos educadores prefere ser chamada de "professor" – aliás, essa função define meu registro profissional, pelo menos, nas últimas duas décadas –, já que meu ingresso no magistério foi um tanto "clandestino", maquiado por termos como "monitor" e "instrutor", enquanto eu não havia completado a minha própria titulação numa licenciatura.

Esta categorização atende ao que Jaume Trilla (2008) denomina (não sem críticas) de "educação formal", associada ao contexto escolar. Por lecionar numa licenciatura considero muito importante valorizar o título e o papel dos professores, fortalecendo-os enquanto classe profissional.

Por outro lado, a própria origem do que chamamos hoje de educomunicação remete à educação popular, realizada em contextos não escolares, tais como movimentos sociais, coletivos de trabalhadores e estudantes, além de Organizações da Sociedade Civil (OSCs). Trilla (2008: 42) categoriza essa abordagem como "educação não formal", que mesmo sistematizada na forma de aulas e cursos não é "voltada para a outorga de graus próprios do sistema educacional regrado".

Assim, consideramos educadores não formais aqueles que praticam atividades didáticas e pedagógicas profissionalmente em contextos fora da escola – isto é, sem a regulação dos sistemas de ensino governamentais. Esta obra também se dirige aos que se dedicam a esse universo profissional.

Existe ainda uma terceira categoria de educadores que responde pela instância informal da educação. O mesmo autor mencionado (Trilla, 2008: 36) nos ensina que a educação informal se diferencia das outras duas categorias com base em dois critérios, a saber, "a intencionalidade do agente" e "caráter metódico e sistemático do processo". Embora essa instância seja comumente identificada com os círculos de relações familiares e sociais (colegas, amigos etc.), é forçoso incluir aqui a comunicação social, principalmente sua designação mais recente a que chamamos de "mídia".

Considerando que, entre nós, a educomunicação nasce do campo comunicacional, fica claro que ela busca uma presença forte neste espaço educativo, principalmente após o advento das mídias digitais e da internet.

Introdução

O QUE MAIS A OBRA OFERECE?

Na estrutura deste livro, "Vocabulário básico da educomunicação" é um apêndice que agrega um glossário mínimo, uma seleção de depoimentos, projetos e materiais de referência para auxiliar o leitor a expandir seus conhecimentos sobre quem são os educomunicadores e o que eles fazem. Encerrando o apêndice, oferecemos um índice facilitando a localização de tópicos específicos nas diferentes seções da obra.

Já se tornou uma espécie de chavão dizer que a educomunicação é um campo ainda em construção. De fato, não alimentamos aqui a ambição impossível de esgotá-la enquanto tema. Em troca, nos propomos a trazer pontos que consideramos importantes e esclarecer os diferenciais da abordagem educomunicativa em relação a outras propostas didáticas e pedagógicas (informática educativa, educação midiática, alfabetização midiática e informacional e outras) que se inserem na complexa teia de relações que conecta tecnologia, mídias e educação, dentro e fora das instituições escolares.

Espero, enfim, oferecer aos leitores um texto não acadêmico informativo e de fácil leitura independentemente da sua proximidade com a educação e da modalidade educativa que oriente sua prática.

Vamos começar pela prática?

> Este capítulo inicial apresenta um vislumbre dos elementos conceituais e práticos que caracterizam a especificidade da abordagem educomunicativa aplicada em projetos educacionais.

O QUE É UM PROJETO EDUCOMUNICATIVO?

Antes de tudo, temos que entender o que é um projeto de intervenção educativa pelo viés da educomunicação. Independentemente da linha de orientação epistemológica, pedagógica ou didática, um projeto é sempre uma construção que antecede uma série de ações sistematizadas e articuladas. Também consideramos que existe sempre uma demanda importante e bem identificada que justifica a proposição do projeto e fornece pistas importantes sobre o melhor desenho do plano que será levado a cabo.

Outra orientação importante, a ser considerada previamente, é a de que a educomunicação **não** se constitui em uma panaceia capaz de transformar a

15

Educomunição

realidade de forma repentina ou à revelia dos atores nos processos educacionais que se busca compreender e aprimorar. Dito de outra forma, a abordagem educomunicativa já se define, por princípio, dentro do escopo das ações coletivas e colaborativas, as quais exigem o estabelecimento de um consenso mínimo em relação aos objetivos e metas que ser quer alcançar. Tais dinâmicas não se harmonizam com processos decisórios centralizados e verticais ou culturas organizacionais cristalizadas e pouco afeitas a mudanças e ao diálogo.

Ainda que nós, educomunicadores(as), sejamos instados a desenhar ou colaborar com um projeto voltado para a melhoria das relações dentro de um determinado "ecossistema educomunicativo" (conceito que aprofundaremos em breve), é necessário avaliar se existem condições propícias para as transformações pretendidas e até que ponto os sujeitos – principalmente os gestores – se mostram conscientes e comprometidos a fazer o que for necessário para efetivá-las.

Também é importante considerar que o foco das ações educomunicativas é sempre o *"modus comunicandi"* de uma comunidade, isto é, a construção da teia de relações que se estabelece entre os sujeitos envolvidos nos processos educacionais. Aqui já se estabelecem limites claros para atuação do educomunicador, a qual pode ser definida como uma mediação entre os participantes, mas também entre estes e o conhecimento que se deseja reconstruir. Em condições extremas de conflito ou de carência absoluta de recursos, não há muito com o que a educomunicação, isoladamente, possa contribuir. Evidentemente, tais casos exigem a articulação de uma equipe interdisciplinar altamente preparada e experiente capaz de trazer algum equilíbrio dentro de um cenário aparentemente caótico.

Estabelecidas tais salvaguardas, arrisco-me a definir o que é, essencialmente, um projeto educomunicativo. Assim, ele pode se constituir em uma:

(i)   assessoria comunicativa abrangente, desenhando um conjunto de ações articuladas que atendam a uma demanda específica;

(ii)   condução de dinâmicas comunicacionais de sensibilização, integração, reflexão e mobilização, buscando transformar as relações interpessoais e institucionais de uma comunidade escolar, comunitária, institucional ou corporativa;

16

(iii) intervenção didática ou pedagógica pontual visando à quebra de uma rotina viciada em formas opressivas de restrição e controle de fluxos comunicacionais na educação;

(iv) combinação, em diversos arranjos, das alternativas anteriores.

A partir das possibilidades historicamente construídas no âmbito da EC, posso apontar um pequeno conjunto de justificativas que poderiam ser invocadas para a adoção da abordagem educomunicativa.

Por que a educomunicação?

Como reafirmado ao longo do texto, geralmente, a educomunicação não é invocada, para agenciar projetos ou programas em condições ideais, entendidas como abundância de recursos, ausência de conflitos ou aderência incondicional a seus princípios. Quase todos os contextos que, historicamente, demandaram a abordagem educomunicativa se pautaram pela urgência e complexidade de problemas a serem resolvidos e para os quais um olhar diferenciado pudesse oferecer contribuições significativas.

Além de manter um "espírito preparado" para lidar com as adversidades que virão a se apresentar, essa constatação joga luz sobre a real vocação da área de estudos da qual trata este livro: a educomunicação se constituiu como uma maneira de lidar com as dificuldades de comunicação entre as pessoas. Tais dificuldades não têm a ver somente com a dificuldade da maioria de nós em estabelecer vínculos duradouros e alcançar soluções para problemas comuns por meio do diálogo – condições básicas para o convívio pacífico nas sociedades –, mas também com a existência de outras maneiras (autoritárias, burocráticas, caóticas) de lidar com as questões inerentes à convivência. Definitivamente, o ato de nos comunicarmos bem (e não apenas de nos expressarmos espontaneamente) exige uma aprendizagem consciente e constante.

A educomunicação, embora oriunda do contexto da educação popular cujos desafios começavam com as condições precárias dos estudantes (trabalhadores lutando pela subsistência), do ambiente educacional (fora da escola) e chegavam até a repressão por parte dos opressores sociais – interesses

Educomunição

se opunham ao despertar de uma consciência social crítica nas classes trabalhadoras –, se justifica por uma necessidade bastante atual: lidar com a informação para que ela se transforme em conhecimento válido.

Nos dias de hoje não são apenas as demandas da escola e de outras instituições educativas de finalidade semelhante que mobilizam o trabalho dos educomunicadores. Quando se assume que, no estágio histórico atual, o conhecimento se tornou o bem mais valioso, o grau e a diversidade de competências para lidar com o volume enorme de informações disponíveis aumentou exponencialmente. A chamada *sociedade do conhecimento* (termo popularizado pela Unesco) deve ser entendida como uma *sociedade da informação*, sendo que a abundância desta última não garante a equidade social nem a efetivação da cidadania.

Assim, a atuação dos educomunicadores se estende para muitas outras áreas em que a mediação do conhecimento e promoção do diálogo se manifestam como necessidades urgentes. É fácil pensar, nesse momento, nas áreas da saúde, do meio ambiente, da cultura e várias outras nas quais o conhecimento especializado específico não substituiu as habilidades de comunicação interpessoal e interinstitucional sem as quais é impossível transformar a realidade. Este é o espaço no qual a educom busca se inserir.

Onde e quando a educomunicação?

Uma vez ressaltada a importância da EC, talvez, para um educador ou educadora, ainda restem dúvidas quanto à pertinência da abordagem educomunicativa, isto é, se no contexto do qual participa ela caberia como uma alternativa interessante aos protocolos rígidos, ou, ainda, à falta de qualquer protocolo formal ou informal de comunicação.

Antes de tudo, é necessário lembrar que a educação é um processo social permanente cuja existência é muito anterior à sistematização especializada da qual foi objeto por parte da escola e, mais tarde, pelo campo da pedagogia. Esse processo (na verdade, um conjunto deles) foi se tornando mais e mais complexo e ganhando outros interlocutores sociais – leia-se "instâncias de poder" – que não compartilham, necessariamente, da mesma visão de sociedade que pedagogos e professores buscam construir.

Vamos começar pela prática?

Assim, no âmbito das práticas escolares, a educomunicação vem prestando serviços relevantes como um eixo interdisciplinar na integração das questões envolvendo tecnologia, mídias e linguagens comunicacionais ao currículo formal. Além de pautar e conduzir discussões, a práxis educomunicativa busca, quase sempre, a vivência na construção de produtos midiáticos como uma estratégia preferencial. É quase redundante explicitar que não basta presença de mídias, tecnologias e que tais na sala de aula para evidenciar um trabalho educomunicativo: sem o protagonismo do educando e a promoção de um diálogo horizontal, aberto e democrático, é possível afirmar que não estamos diante de um exemplo de educom na escola.

Entretanto, a EC não se circunscreve unicamente aos espaços formais, inclusive por ter sido gestada nos espaços não formais da sociedade identificados com os grupos organizados de trabalhadores e estudantes, coletivos ativistas, órgãos ligados ao cuidado da juventude e infância e diversas outras organizações da sociedade civil (OSCs). Ainda hoje, o chamado terceiro setor abriga grande parte das ações e projetos educomunicativos.

Além das escolas e OSCs, podemos encontrar inúmeras iniciativas que se identificam com a educomunicação nas plataformas digitais da internet. Isso inclui portais, cursos, blogs, podcasts e canais de vídeo com intencionalidade educativa. Aqui, no contexto informal da educação, também valem os elementos básicos já apontados e que caracterizam a práxis educomunicativa.

Em suma, dentro e fora das escolas, a educomunicação encontra espaços de aplicação e, inclusive, oferece a possibilidade de conectar essas instâncias aparentemente estanques que definem o grau de formalidade aos quais se recorre para rotular a natureza do trabalho educativo que se desenvolve. Por exemplo: uma escola pode buscar a conexão com uma OSC (ou vice-versa) para, conjuntamente, propor a construção de espaços virtuais e compartilhar a produção e circulação de conteúdo voltado para causas sociais. Tendo já explanado sobre as possibilidades institucionais da educom, considero este um bom momento para abordar o papel dos atores envolvidos em projetos educomunicativos.

Quem educa quem?

Esta é uma pergunta importante cuja resposta já está dada há algum tempo: todos nós nos educamos o tempo todo, com maior ou menor grau de consciência sobre essa relação, indissociável do ato de comunicar. Antes mesmo de nos inserirmos na educação formal, já vimos sendo educados por quem nos acolhe (a família, no mais das vezes) e pelas outras pessoas do nosso entorno. Isso define a educação informal, cujo alcance se espraia, cada vez mais, pelo ambiente midiatizado que habitamos. Se antes sobravam críticos à televisão em seu papel de "babá eletrônica", é espantosa a naturalidade com a qual se admira a precocidade das crianças ao se apropriarem dos artefatos digitais conectados em rede. Seria mais apropriado dizer que, sem uma mediação consciente e responsável, são as redes e os artefatos que se apropriam das crianças, de modo muito similar ao que acontece com os adultos: pelo sequestro premeditado da atenção.

A mediação a que me refiro e que será objeto de reflexão ao longo de nosso trabalho pode ser considerada a própria essência da ação educativa. Um mediador competente deixa de ser um instrutor, um replicador de conteúdo ou um "treinador" de competências, para alcançar a dimensão humana do fazer pedagógico, sem deixar de destacar a relevância social dos temas abordados e a necessidade de reconstruir e gerar novos saberes de maneira colaborativa com os estudantes.

Sobre o papel do educando, também são necessárias algumas considerações para entender o chamado *protagonismo discente*. Essa expressão não foi criada pelos educomunicadores e, em vários momentos da história recente, podemos encontrar exemplos em que se buscou sistematizar esse procedimento na educação. A discussão envolvendo as correntes pedagógicas democrática e libertária terá lugar no próximo capítulo, mas podemos adiantar que a ideia de um estudante que não seja apenas ativo, mas também independente e que possa exercitar escolhas sobre *o que* e *como* estudar, ainda é vista com estranheza por muitos professores, responsáveis e até pelos próprios estudantes. Aparentemente, a expectativa por um professor que ensine e que exerça uma autoridade intelectual de detentor do conhecimento está profundamente enraizada na maior parte das sociedades.

Vamos começar pela prática?

É evidente que não se pode exigir de uma criança ou adolescente o grau de maturidade e de responsabilidade equivalente ao de um educador ou gestor pedagógico: mesmo nos cursos de licenciatura, essas qualidades são desenvolvidas paulatinamente por meio de estratégias como seminários em aulas e pelo instrumento dos estágios optativos e obrigatórios. Mesmo assim, professores recém-formados ainda necessitam de experiência e dedicação para lidar com as complexidades da carreira docente. Então, como entender o educando como protagonista da própria educação? Como resposta, podemos enumerar alguns pontos relevantes:

1. Educação é um direito e o acesso a ela ensina sobre deveres
   Ainda que haja crianças fora do sistema educacional e outras inequidades – ou até por causa disso –, a escola deve representar o *lócus* de referência para que os estudantes pratiquem a cidadania e não apenas ouçam falas a seu respeito. Nesse caso, faz parte da cidadania (dentro de limites cognitivos coerentes com idade e série) assumir responsabilidades e participar ativamente das tomadas de decisão coletivas sobre temas e dinâmicas que impactarão seu tempo escolar.

2. Negociação é importante
   Ouvir os outros e, assim, aprender a conhecer e respeitar a alteridade passa por apresentar a noção de reciprocidade, propiciando situações nas quais os jovens estudantes reconheçam nos colegas os mesmos direitos que reivindicam para si e os mesmos limites a que estão sujeitos. Então, além de decidir na coletividade, este aspecto implica negociar com o professor e com os pares, nesse segundo caso, com a mediação criteriosa do primeiro.

3. Diálogo é algo que devemos aprender
   A ferramenta preferencial para aprender sobre limites e levar adiante negociações é, sem dúvida, o diálogo. Entretanto, como qualquer outra habilidade comunicacional, a dialogicidade deve ser aprendida. Não é exagero dizer que mesmo entre os educadores a prática dialógica é pouco estudada, dando-se preferência para as competências de expressão como a retórica, a oratória e outras vertentes da fala expositiva.

Educomunição

4. Apropriação e pertencimento dos espaços educativos
Outro aspecto importante a respeito do estudante protagonista
é que ele possa se sentir acolhido e identificado com o espaço
(escolar ou não) onde ele permanece várias horas de seu dia. É importante que, à exceção de lugares que ofereçam risco físico, não
haja espaços interditados de acesso e fluxo para os alunos e alunas.
Da mesma forma, o uso dos espaços comuns e de seus recursos
deveria ser objeto de regramento visando garantir sua ocupação,
e não os interditando.

Uma vez estabelecidos esses pontos iniciais, cabe propor uma sequência
de passos minimamente necessários para a elaboração de um projeto pedagógico e visando esclarecer os diferenciais que a abordagem educomunicativa
traz para essa construção.

COMO SE CONSTRÓI UM PROJETO EDUCOM?

Não existe uma receita ou modelo fechado para a construção de
projetos educomunicativos. Trata-se de um processo eminentemente
contextual adequado a demandas que podem ser recorrentes, mas que
nunca se desenham exatamente da mesma forma. O ponto em comum
a essas demandas sempre passa por uma dificuldade relacional entre os
participantes de uma comunidade educativa e pode aparecer em diferentes
graus de dificuldade, escalando, por vezes, ao nível do conflito. Nesses
casos, a partir de que bases é possível propor uma intervenção apoiada
nos pressupostos da EC?

Embora um projeto educomunicativo possa partir de uma iniciativa
individual, os educomunicadores não costumam trabalhar sozinhos. Isso não
se deve unicamente a uma questão de princípios: as demandas sociais que
requisitam as competências relacionadas com a educomunicação costumam
partir de instâncias sociais cuja atuação já envolve a promoção de políticas
públicas. Como já observado, se, em outros tempos, a EC parecia se limitar
à prestação de serviços diretos nas áreas de comunicação popular e educação informal, nos dias de hoje, a diversidade e onipresença de necessidades

educativas acrescentou uma série de possiblidades ao rol de competências que ela se propõe a desenvolver.

Então, como ponto de partida, vamos pressupor que existe a predisposição de introduzir um conjunto de ações orientadas pelo olhar educomunicativo, independentemente do contexto de sua aplicação. Por onde começar? Antes de tudo, cabe considerar que o termo "projetar" já define um trabalho sistematizado e esboçado num plano de ações, o que o coloca em virtual oposição às dinâmicas espontaneístas e improvisadas que são propostas sob a denominação de "projeto". A origem etimológica do termo já remete a "lançar adiante", o que torna quase inevitável invocar a analogia com encontro da flecha com o alvo, definido pela força e precisão aplicadas ao arco antes de liberá-la. A comparação para por aqui, pois, ao contrário da trajetória da seta, os rumos de um projeto podem ser avaliados, depurados e corrigidos durante seu curso. Isso faz do projeto uma construção muito mais inteligente e propensa ao êxito do que a prática de um tiro ao alvo qualquer.

Por outro lado, já existe uma quantidade gigantesca de literatura técnica dedicada à construção de projetos na educação e, inclusive, uma corrente pedagógica conhecida como "Pedagogia de Projetos". Isso nos faculta a proposição de um modelo inicial simples e funcional, que ilustramos no Quadro I. Lembre-se de que existem muitos outros modelos possíveis, sendo que os projetos institucionalizados (em redes escolares, por exemplo) já contam com orientações pré-definidas para sua elaboração.

Quadro I – Modelo esquemático de um projeto

SESSÃO	CONTEÚDO
Título	O título do projeto deve ser, ao mesmo tempo, explicativo e conciso, evitando construções intrincadas ou pretensiosas. Ele deve ser uma descrição precisa (ainda que incompleta) daquilo que se busca realizar. Ex.: *Produzindo um podcast narrativo.*
Concepção	É a definição sucinta da natureza (finalidade, orientação, motivação) e do alcance (âmbito, escopo) do que se planeja executar. Ex.: *Oficina de curta duração dirigida a estudantes do ensino médio com orientações para criar, gravar e finalizar podcasts de curta duração explorando o gênero ficcional.*

Justificativa	Aqui cabe a descrição da demanda ou necessidade que se quer ver atendida. É importante que se demonstre a importância e a pertinência de sua especificidade. Ela pode ser mais ou menos extensa, incluindo elementos históricos ou dados fatuais – enfim, tudo que possa servir como um bom argumento para que a iniciativa seja apoiada. Ex.: *O podcast é um recurso bastante popular de produção midiática e uma das preferências expressas pelos estudantes numa enquete prévia. Também não exige recursos mais sofisticados do que um celular e apps gratuitos. O gênero ficcional estimula a criatividade e ajuda a melhorar as competências comunicativas de escuta e locução. A inserção de elementos musicais de trilha e efeitos sonoros também é um elemento motivador e estimula os participantes a compartilharem suas preferências. As disciplinas de Língua Portuguesa, Língua Estrangeira e Ciências poderão ser integradas nas ações do projeto mediante uma abordagem interdisciplinar, aproveitando parte das aulas programadas para avançar nas etapas de produção.*
Objetivos	Aqui se enunciam as intenções mais abrangentes e abertas daquilo que se pretende alcançar pelo projeto. Os objetivos são avaliados qualitativamente, atestando seu cumprimento total, parcial ou nulo. Com um grau a mais no detalhamento, pode-se chegar aos objetivos gerais – sintetizando um conjunto de intenções amplo – e específicos – que podem ser detalhados como subtarefas a ser cumpridas sob o guarda-chuva do objetivo geral. Ex.: *Objetivo geral: estimular competências comunicacionais, de pesquisa e criação em um grupo de jovens do ensino médio por meio do exercício de produção de podcasts narrativos.* Exs.: *Objetivos específicos: (a) apresentar diversos formatos de podcasts exercitando a leitura crítica da mídia; (b) apresentar as ferramentas de edição de áudio básicas e gratuitas que permitam a produção de podcasts curtos; (c) compartilhar formatos de roteiro simples e consistentes que permitam a elaboração de roteiros a serem gravados; (d) vivenciar as operações básicas de gravação, mixagem e finalização de programas em áudio de curta duração.*
Metas	Diferentemente dos objetivos, as metas são mensuráveis e quantificáveis, traduzindo em números e proporções o que se pretende alcançar. Exs.: *Quantos alunos serão beneficiados pelo projeto?* *Quantos podcasts serão produzidos ao longo da atividade?* *Quantas e quais disciplinas da grade curricular poderão ser integradas de forma interdisciplinar nesse projeto?*
Desenvolvimento: (a) tarefas, (b) cronograma, (c) organograma	O projeto deve ser desenhado cronologicamente como uma sequência denominada (a) tarefas, um passo a passo detalhado das fases do trabalho e as respectivas ações que serão realizadas em cada uma delas; (b) o cronograma, um recurso visual em formato de quadro ou tabela que pode ser construído como uma "linha do tempo" vertical ou um gráfico cartesiano cruzando a descrição das tarefas previstas e o período ao longo do qual se desenvolverão em semanas, meses etc. (ver o exemplo do Quadro II); (c) o organograma, também um recurso visual, muitas vezes organizado na forma de uma "árvore invertida", que estabelece o papel de cada um dos agentes do processo pedagógico com base em sua função no projeto (ver o exemplo do Quadro III).

Recursos necessários	A metodologia de projetos costuma dividir os recursos em: (I) materiais: expressos na forma de equipamento, bens consumíveis e outros itens que podem ser mobilizados para garantir as ações previstas. Se for o caso de adquiri-los, eles devem ser organizados em colunas de quantidade e valor do item cuja soma resultará num orçamento de materiais; (II) humanos: itens que dizem respeito à organização de pessoas e divisão de tarefas e serviços especializados. Embora possam coincidir com itens do organograma, diferenciam-se deste recurso por comportar funções que eventualmente não estejam representadas no grupo, exigindo a colaboração de terceiros. Por exemplo: caso seja necessário suporte técnico ou pedagógico de um especialista em alguma fase do projeto, esse item entra aqui, mas não no organograma.
Registro e avaliação	O registro serve para preservar a memória do projeto, mas não apenas isso: o detalhamento das produções pode fornecer elementos importantes para avaliar o trabalho e subsidiar ações futuras. Também é altamente recomendável, no caso das produções, a organização de um portifólio, que é um instrumento de avaliação. A metodologia de avaliação, com ênfase qualitativa, pode ser variada, utilizando questionários simples na linha "Que bom/ Que Pena/ Que tal" (anotando, respectivamente, aspectos positivos, negativos e sugestões). Quando é necessária uma análise mais profunda e consistente, recomenda-se o uso de instrumentos como matrizes de avaliação e rubricas, sempre construídas com a participação ativa (tanto quanto possível) do grupo participante.

Quadro II – Modelo de cronograma em um projeto

CRONOGRAMA DE PRODUÇÃO										
Tarefas \ Quinzenas	Quinzena 01	Quinzena 02	Quinzena 03	Quinzena 04	Quinzena 05	Quinzena 06	Quinzena 07	Quinzena 08	Quinzena 09	Quinzena 10
I. Definição de equipe	■									
II. Opção de demandas no projeto		■								
III. Construção do plano de intervenção			■							
IV. Criação de plano de trabalho				■						
V. Execução do plano de ações						■				
VI. Sistematização dos registros							■			
VII. Elaboração do relatório final								■		
VIII. Apresentação do relatório final									■	
IX. Apresentação da Versão Final do Relatório - Avaliação										■

Quadro III – Modelo de organograma em um projeto

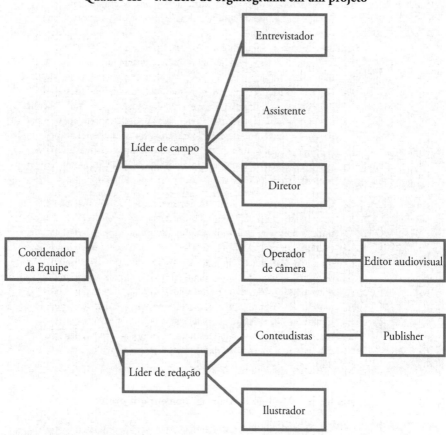

QUAIS SÃO OS DIFERENCIAIS DE UM PROJETO EDUCOM?

Uma vez esclarecidos os elementos que compõem um projeto "genérico", chega a hora de nos aprofundarmos nas características intrínsecas ao viés educomunicativo, isto é, os diferenciais que nos permitem vincular claramente uma proposta de intervenção à abordagem educomunicativa. Levando em conta que este livro se propõe ao aprofundamento conceitual, histórico e técnico da educom, será apresentado aqui apenas um breve conjunto de elementos que, ao fim e ao cabo, poderão subsidiar o desenho preliminar de um projeto.

a. Diagnóstico preliminar da demanda

Muitas abordagens em educação são construídas com base em levantamentos que visam identificar a problemática existente no contexto em que se pretende intervir. O alcance e a profundidade desse levantamento podem variar bastante, assim como o grau de urgência das demandas, que pode dificultar bastante a precisão do diagnóstico. No âmbito da educomunicação, existe sempre a premissa clara de que vamos lidar com problemas de relação social que evidenciam lacunas nos processos de comunicação, dificultando e, por vezes, inviabilizando a efetividade das ações educativas.

É interessante notar que essa comunicação disfuncional, pautada por silenciamentos, agressões ou numa recusa absoluta por ouvir o outro, é entendida como um problema, ainda que seja a manifestação visível o aspecto mais evidente de um quadro maior e que deve ser reconstruído por meio do diálogo e do estabelecimento de vínculos de confiança. Para que essa linha de atuação se revele eficaz, no levantamento diagnóstico é necessário enfocar, ao menos, três pontos nevrálgicos: 1) os sujeitos da comunicação (quem são eles); 2) a visão particular que cada um deles possui da problemática (o que acreditam estar errado) e 3) como eles acreditam que podem estabelecer uma dinâmica de comunicação aberta e equilibrada. Em posse de um panorama claro e confiável é possível sistematizar uma sequência de ações mediadoras demonstrando a todos os envolvidos que o grupo já contém em si a capacidade de transformar o próprio ambiente (o ecossistema comunicativo).

b. Contrato didático

Este outro recurso ilustra bem o fato de como a educomunicação, desde o princípio, buscou se apropriar de estratégias e recursos oriundos de diversas áreas. No caso, no contexto da educação matemática na França do final dos anos 1970, surge a noção de que deveria se reconhecer uma simetria entre as expectativas do professor e dos estudantes. Isso deslocava a centralidade do processo pedagógico para o conhecimento, o qual deveria ser o objetivo final e comum a alinhar a postura de um e outro interlocutor – docente e discente. Essa percepção identificava o contrato didático como um elemento tácito, não necessariamente formalizado ou sequer enunciado na sala de aula. Mais recentemente, surgiram interpretações de que esse pacto deveria, sim, ser explicitado e materializado na forma de um texto assinado entre professor e aluno para assegurar a efetividade de seus papéis, isto é, o do assinante e o do aprendente. Embora essa visão nos pareça um tanto limitada – já que não visa, exatamente, promover o diálogo –, não se pode negar que ela inova ao reconhecer o estudante e o professor em pé de igualdade. No terreno da educomunicação, também consideramos a necessidade de pactuar os objetivos e os rumos do processo pedagógico, não apenas reconhecendo o educando como sujeito de direitos, mas convidando-o a exercer esta prerrogativa na qualidade de protagonista.

c. planejamento coletivo e colaborativo

A premissa inicial que valida o contrato didático enseja, quase "naturalmente", a ideia de um partilhamento efetivo da planificação das aulas, incluindo temáticas e dinâmicas a serem desenvolvidas conjuntamente. Mais uma vez, podemos nos deparar com a dificuldade de aplicar essa estratégia junto às séries iniciais, dado o desconhecimento de conceitos e a expectativa de que o professor ensine o que eles precisam saber.

Porém, tendo trabalhado com pré-adolescentes, adolescentes e jovens adultos, posso afirmar que essa abertura para uma cumplicidade maior na tomada de decisões quanto à forma e ao conteúdo curriculares resulta benéfica, estimulando o interesse nas disciplinas e minimizando o descontentamento expresso em frases como "Por que temos que estudar essa matéria?" ou "Essa atividade vale nota?", evitando ainda a revolta desconfiada ante uma avaliação insatisfatória. Claro que esses exemplos se localizam mais próximo do universo escolar, porém, mesmo no âmbito da educação informal, não é má ideia oferecer escolhas, negociar e apontar a necessidade de se cumprir os compromissos assumidos junto ao grupo.

Vamos começar pela prática?

d. Diversidade de abordagens privilegiando metodologias ativas

Já se tornou uma espécie de lugar-comum afirmar que nem todos aprendem do mesmo jeito e que o método adotado para um estudante não funciona com outro e vice-versa. Desde que se popularizou o conceito de inteligências múltiplas, também foi disseminada a ideia de que a educação deveria atender à diversidade cognitiva por meio do acompanhamento individualizado a cada aluno/aluna. O problema que surge, nessa visão, vem da dificuldade de colocar seus princípios em prática, ainda mais pensando no contexto das escolas públicas, com salas de aula lotadas e que enfrentam uma falta crônica de recursos, a começar pela mão de obra qualificada.

No entanto, aqui também se parte de um princípio questionável, o de que a variedade de estímulos e de modos de ensinar e aprender depende de um atendimento pessoal para cada estudante, no estilo "aula particular", para atingir os melhores resultados. Pensar assim é deixar de lado a dimensão social da construção do conhecimento, uma descoberta que nos foi confirmada por Lev S. Vigotski ainda na primeira metade do século XX. Em última análise, a persistência das escolas até nos dias de hoje não se justifica pela necessidade de "massificarmos" o ensino, mas sim para integrar os jovens no convívio social, que é a verdadeira pré-condição para o desenvolvimento da inteligência em todas as suas formas.

Ainda dentro dessa lógica participativa, faz sentido ressaltar a importância de que o conjunto de estratégias didáticas se apoie nas chamadas *metodologias ativas*, um nome genérico sob o qual se agrupam contribuições aportadas de diversas áreas para a pedagogia. Aqui cabem a *sala de aula invertida*, a *aprendizagem baseada em problemas*, a *aprendizagem baseada em investigação*, a *pedagogia de projetos* e outras correntes referidas como inovadoras ou "disruptivas", ainda que sejam de uso comum em nosso meio há várias décadas. O que se pode observar é que, isoladamente, elas não fazem muito sentido enquanto abordagens transformadoras, mas não deixam de ser bastante pertinentes dentro de um projeto pedagógico ou de intervenção fundamentado em princípios dialógicos e abertos.

29

e. Alternância nas funções para garantir a participação de todos

Embora os educomunicadores evitem alimentar a confusão que muitas vezes se estabelece entre as práticas educomunicativas e o "instrucionismo tecnicista", pautado quase exclusivamente na capacitação para uso de ferramentas digitais, é comum que eles lancem mão, sempre que possível, de atividades envolvendo a produção midiática.

O que se busca nessas dinâmicas não é propriamente gerar produtos midiáticos e, menos ainda, concorrer com setores da comunicação social que se dedicam a essas atividades de produção, tais como o radialismo (audiovisual), a editoração (publicações gráficas e digitais) ou o jornalismo (notícias em vários suportes e formatos). Esse é o motivo pelo qual, em dinâmicas educomunicativas de produção, os aspectos técnicos e estéticos são menos enfatizados – mas nunca negligenciados – em prol de uma ênfase mais reflexiva e embasada na leitura crítica da mídia.

Uma das estratégias mais empregadas consiste na criação de coletivos de produção, como é o caso, por exemplo, das agências de comunicação em escolas. O Projeto Imprensa Jovem, da Secretaria Municipal de São Paulo, é uma ação nesses moldes que já venceu a barreira dos 18 anos de existência.

O exemplo de organograma simplificado que consta no Quadro III ilustra a estrutura das funções em um grupo que pode envolver estudantes, professores e outros membros da comunidade escolar (funcionários, responsáveis, voluntários etc.). Assim, a alternância dos membros do grupo em todas as funções permite a apropriação de competências pela vivência prática da comunicação dialógica oral e escrita.

f. Momentos de deliberação

Como não poderia deixar de ser, a prática dialógica deve ser constantemente exercitada nos projetos educomunicativos, ensejando momentos dedicados à deliberação sobre as atividades desenvolvidas colaborativamente. O ritual de sentar-se em círculo (geralmente no chão), quando se abre a palavra a quem queira se manifestar, representa um contraponto

Vamos começar pela prática?

evidente aos contextos educacionais autoritários, nos quais se exigem o silêncio e a coerção dos corpos juvenis em colunas e fileiras voltadas para a lousa e a mesa do professor. Embora a cultura autoritária não possa ser transformada num rompante, a repetição do ritual da roda de conversa pode ser um bom começo. Além do aspecto simbólico desse arranjo, existem finalidades claras associadas ao momento das conversas coletivas. Elas podem acontecer na sessão inaugural de um projeto, permitindo que todos os presentes expressem suas expetativas e incertezas quanto ao trabalho que se pretende realizar. Aqui o objetivo é criar ou renovar vínculos dentro do grupo e entre seus membros e o mediador. Nessa situação, o papel desse elemento é o de moderar a discussão, organizando a sessão da palavra e, se for o caso, contornando eventuais conflitos de posição.

Outras finalidades importantes podem ser resumidas na pequena lista que segue:

- iniciar um período de trabalho distribuindo tarefas e responsabilidades;
- fazer o balanço final após o período de atividade para que todos possam compartilhar o que aprenderam com o restante do grupo;
- atendendo à solicitação, reunir o grupo para resolver dúvidas ou eventuais conflitos, exercitando a inteligência coletiva, sem impor a suposta autoridade do mediador;
- finalizar ciclos de trabalho, ocasião em que se espera a manifestação aberta e objetiva de todos os participantes. Aqui, o papel do mediador é o de contextualizar as falas, validando as contribuições dos interlocutores e assegurando que todos tenham oportunidade de se manifestar.

g. Avaliação compartilhada

Da mesma forma que ocorre com a metodologia de projetos, existe uma profusão de referências sobre a avaliação em processos didáticos e seus instrumentos. Antes de tudo é preciso demarcar que a avaliação não é tão somente um instrumento de regulação do aluno por parte do professor ou

Educomunição

da instituição que este representa. O objetivo principal das dinâmicas e instrumentos de avaliação é beneficiar o educando com informações que o ajudem a compreender seus limites e dificuldades, mas sem lhe impor o peso de um fracasso e nunca (mesmo) com objetivos de represália ou punição "disciplinar".

Os benefícios da avaliação se estendem ao educador, ao projeto pedagógico concluído ou em curso e à própria instituição, na medida em que um desempenho discente considerado insatisfatório se justifica, muitas vezes, por fatores que não podem ser atribuídos aos alunos. Talvez seja hora de rever as orientações pedagógicas que estejam resultando em avaliações desfavoráveis para muitos alunos ou muito desfavoráveis para alguns deles. Isso implica o estabelecimento de uma rotina de avaliação por meio da qual os educandos possam, também eles, avaliar a instituição e seus avaliadores.

Por fim, mas não menos importante, a qualidade da avaliação não deve se apoiar na rigidez ou complexidade dos instrumentos empregados, mas sim na periodicidade constante, variedade de parâmetros e flexibilidade das formas de avaliação. Por um viés mais técnico, a educomunicação propõe que seus procedimentos de avaliação privilegiem os aspectos formativos sobre os somativos; as dinâmicas de avaliação permanentes em substituição às estratégias pontuais; o equilíbrio entre avaliação do desempenho individual e dentro do grupo e, por fim, a multiplicidade de olhares nesse processo. Isso significa a adoção de estratégias como a avaliação cruzada pelos pares, a avaliação externa (de convidados, do público) e a autoavaliação. Esta última é muito bem-vinda em qualquer contexto educacional, só não pode prescindir de uma justificativa reflexiva por parte do sujeito que autoavalia.

Vamos começar pela prática?

O que dizem os educomunicadores? (sobre o protagonismo do educando)

"Me identifico com a educomunicação, pois penso na educação tendo o educando enquanto protagonista e o educador enquanto um mediador, no dia a dia das oficinas que acompanho, e vejo o grande potencial de transformação social que existe ao possibilitar esse protagonismo nos jovens."

(Natália Sierpinski, educomunicadora graduada em 2019, líder educacional do Instituto Reciclar/SP)

"Entendo educomunicação como uma forma de utilizar os recursos da comunicação para tornar a educação um diálogo. É uma forma de combater a lógica do 'professor sabe tudo'. Com uso de criatividade, o processo ensino-aprendizagem se torna mais interativo e participativo. Todas as pessoas envolvidas ganham com a educomunicação. Ou seja, 'quem ensina aprende ao ensinar e quem aprende ensina ao aprender', como dizia o mestre Paulo Freire."

(Marcelo Abud, radialista e podcaster do Instituto Claro Educação)

Edu... o quê?

> Este capítulo apresenta a discussão sobre a origem e o significado
> do termo *educomunicação*.

UM POUCO DE HISTÓRIA

As versões sobre a origem do termo *educomunicação* recuam até os anos 1980, quando, segundo o professor Ismar de Oliveira Soares da USP, a Unesco já mencionava a palavra *educommunication* em textos oficiais – não como um conceito novo, mas como um sinônimo de *media education*. Provavelmente, Soares se refere ao livro *Media education* que a Unesco publicou no longínquo ano de 1984. Nele, constam as seguintes informações colocadas logo nas primeiras páginas do prefácio:

> Esta tendência – esta exigência – foi apelidada de "iniciação nos meios de comunicação de massa", "**educomunicação**" ou, de forma um tanto ousada, "educação midiática"; este último foi definido pelo Conselho

Internacional de Cinema e Televisão (IFTC) em 1973 em termos que ainda parecem ser verdadeiros: estudo, ensino e aprendizagem de métodos modernos de comunicação e expressão considerados parte de uma disciplina específica e autônoma de teoria e prática pedagógica, em oposição à sua utilização como auxiliares de ensino e aprendizagem em outras áreas do conhecimento, como matemática, ciências e geografia. (Morsy, 1984: 8, grifo nosso – tradução livre do autor)

Exceto por seu caráter de relativo ineditismo – afinal, a Unesco não cunhou o termo em 1984 –, o termo *educommunication* entra no texto de forma indireta e não volta a ser repetido ao longo das 377 páginas daquela obra inaugural. Assim, essa aparição fortuita não nos ilumina muito a respeito do que realmente é o educom. Ainda que nossa proposta seja a de construir o conceito junto ao leitor, de forma paulatina e dialética, é sempre bom oferecer uma definição de partida para que possamos reformulá-la aos poucos.

Há quem a entenda como uma mescla ou espaço de interseção entre os campos de conhecimento – estes, sim, bem definidos – da educação e da comunicação. Particularmente, entendo que a educomunicação poderia ser definida como uma abordagem de práticas educacionais na qual a ênfase dos processos pedagógicos e didáticos recai sobre as estratégias e recursos inerentes à comunicação social. Isso nos coloca diante de um dilema, pois é difícil dar conta da complexidade histórica que resultou na EC e, ao mesmo tempo, evitar enunciados que sejam simplificadores ou unidimensionais. Lembremo-nos de que não nos encontramos diante de um axioma oriundo das ciências exatas, mas sim de um construto (segundo alguns, ainda nem bem concluído) das ciências humanas e sociais.

Por outro lado, há quem defenda que, com a acepção atual do termo, a palavra "educomunicadores" surgiu apenas na obra *El comunicador popular* do estudioso e ativista Mário Kaplún (1985), mais tarde republicada, com algumas modificações sutis, como *Una pedagogía de la comunicación* (1998). Por alguma razão não muito clara, nenhuma das duas versões do texto foi traduzida para o idioma português. A sutileza a que nos referimos é a de que, no livro de 1985, Kaplún trata de *comunicadores populares* e menciona, em algum momento, os *educadores-comunicadores* –

mas não fala de *educomunicadores*. Paradoxalmente, no volume reeditado na Espanha como *Una pedagogia...* há quatro ocorrências de "educomunicadores" como um termo específico substituindo "comunicadores populares".

Figura 1 – Capa das obras *Media education* e *Una pedagogía de la comunicación*

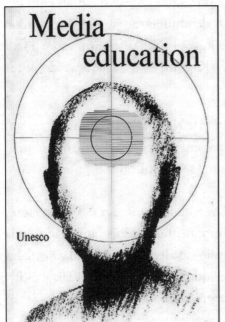

É interessante analisarmos essas menções em seu contexto original:

- Pág. 81: "Daí a importância e a necessidade de que os educomunicadores dominemos os princípios básicos da pedagogia da comunicação [...]".
- Pág. 88: "Os educomunicadores temos que ser eficazes. Preocuparmo-nos com que nossas mensagens cheguem [...]".
- Págs. 158-159: "Aos educomunicadores nos é imposto, pois, a exigência de ser muito críticos com nós mesmos e nossas próprias mensagens; de revisar a escala de valores que implicitamente transmitimos com elas e buscar coerência entre nosso pensamento e os signos que selecionamos para codificá-lo [...]".

Educomunição

- Pág. 221: "Para dar um exemplo elementar – que seguramente muitos educomunicadores têm experimentado –, é manejando a lente de uma câmera de vídeo que os alunos podem perceber que uma imagem não é uma representação confiável e supostamente objetiva da realidade, mas sim uma fragmentação seletiva dela; e podem descobrir que a escolha dos planos e ângulos de enquadramento determinam leituras muito diversas de um mesmo signo e suscitam no espectador reações emocionais e juízos muito diferentes sobre o fato e o personagem representados" (Kaplún, 1985; tradução do autor deste livro).

Ainda que as menções à EC registradas na obra de Kaplún não sejam exatamente abundantes, é notável como enfatizam um discurso inclusivo que nos leva a entender o quanto o autor se identificava, ele mesmo, com o papel de um educomunicador.

Ao lado de Paulo Freire, Kaplún é apontado como um dos precursores mais importantes da educom. Entretanto, nenhum desses "inspiradores da educomunicação" utilizou essa expressão em seus textos, ainda que suas abordagens pioneiras tenham estabelecido parâmetros conceituais e práticos – ou melhor, *praxísticos* –, como veremos em breve. Há que se levar em conta, também, que Mário Kaplún faleceu em novembro de 1998, pouco mais de um ano após a morte de Freire, de modo que nenhum dos dois estudiosos teve a possibilidade de presenciar ou participar de tais discussões conceituais, pois, no final dos anos 1990, elas eram ainda incipientes.

Assim, admitir que esses "patriarcas" da educom não podem ser apontados como os fundadores da educomunicação nos levaria de volta à obscura busca de algum documento anterior ao livro publicado pela Unesco em 1984 ou, então, nos faria considerar que a expressão se consolidou posteriormente em nosso meio. Trabalharemos com esta segunda hipótese, inserindo mais um personagem nesta narrativa: Ismar de Oliveira Soares, pesquisador e professor da USP que na segunda metade dos anos 1990 protagonizou três iniciativas importantes e conectadas entre si para assegurar o que ele chamou de "ressemantização" do termo, algo como uma espécie de missão perene por ele assumida.

Edu... o quê?

A primeira dessas iniciativas foi a criação do Núcleo de Comunicação e Educação (NCE), um órgão de ações extensionistas regido diretamente pela Pró-Reitoria de Cultura e Extensão Universitária (PRCEU) da USP. O NCE nasceu em 1996, "reunindo um grupo de professores de várias universidades brasileiras interessadas na inter-relação entre Comunicação e Educação" (USP, 2020). A segunda iniciativa aconteceu um ano e meio depois de estabelecido o NCE, em maio de 1998, quando esse grupo protagoniza a organização de um grande evento que veio a ser o I Congresso Internacional sobre Comunicação e Educação concomitante com o II Encontro Mundial sobre Educação para os Meios, ambos realizados com o apoio de várias instituições privadas.

Esses dois eventos foram os mais significativos para estabelecer uma dinâmica de levantamento e análise de projetos (predominantemente latino-americanos), conectando comunicação e educação. Depois se transformaram em um projeto de pesquisa financiado pela Fundação de Amparo à Pesquisa do Estado de São Paulo (Fapesp).

Na sequência, podemos destacar como terceira iniciativa importante para a contextualização de um sentido pleno para a educom a publicação dos resultados da pesquisa em questão, em coparticipação com outro NCE: o Núcleo de Comunicação e Educação do Departamento de Comunicação Social da Unifacs (Salvador/Bahia).

39

Nas palavras de Ismar Soares (2011), "A pesquisa que levou ao conceito trabalhou com uma amostragem representativa de programas e projetos que, em 12 países da América Latina, desenvolviam algum tipo de trabalho na interface entre a comunicação social e a educação. Seu objetivo era detectar o imaginário desses agentes culturais sobre a referida interface".

A publicação dos resultados da investigação ocorreu com grande destaque nas páginas da revista *Contato*, a ponto deste relatório final ser chamado frequentemente de "pesquisa fundante", uma vez que aponta a consolidação de um novo campo de intervenção social referido como "Inter-relação Comunicação/Educação" e, imediatamente, rebatizado como educomunicação.

Figura 2 – Capa da revista *Contato* de 1999

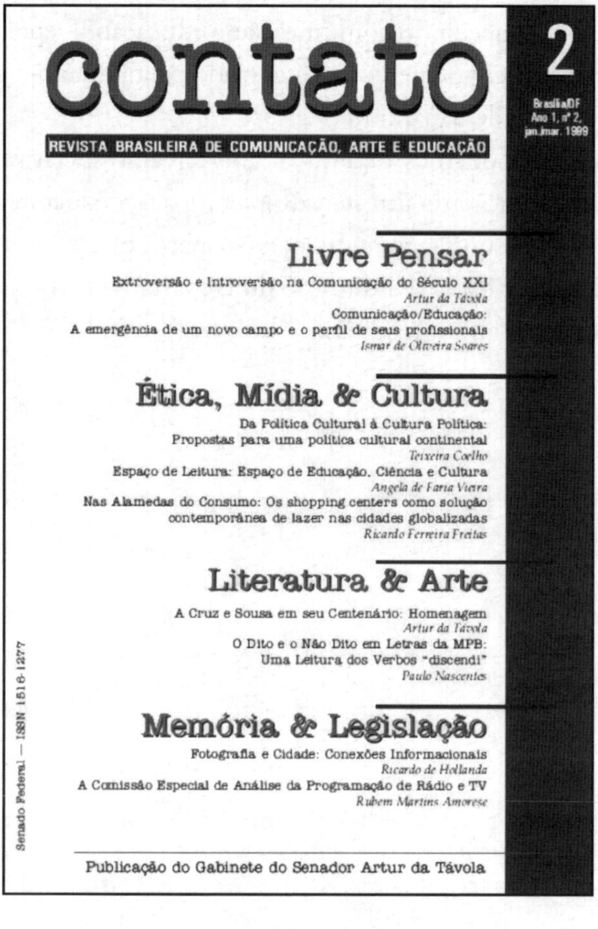

contato

2

Brasília/DF
Ano 1, nº 2,
jan./mar. 1999

REVISTA BRASILEIRA DE COMUNICAÇÃO, ARTE E EDUCAÇÃO

Livre Pensar

Extroversão e Introversão na Comunicação do Século XXI
Artur da Távola
Comunicação/Educação:
A emergência de um novo campo e o perfil de seus profissionais
Ismar de Oliveira Soares

Ética, Mídia & Cultura

Da Política Cultural à Cultura Política:
Propostas para uma política cultural continental
Teixeira Coelho
Espaço de Leitura: Espaço de Educação, Ciência e Cultura
Angela de Faria Vieira
Nas Alamedas do Consumo: Os shopping centers como solução contemporânea de lazer nas cidades globalizadas
Ricardo Ferreira Freitas

Literatura & Arte

A Cruz e Sousa em seu Centenário: Homenagem
Artur da Távola
O Dito e o Não Dito em Letras da MPB:
Uma Leitura dos Verbos "discendi"
Paulo Nascentes

Memória & Legislação

Fotografia e Cidade: Conexões Informacionais
Ricardo de Hollanda
A Comissão Especial de Análise da Programação de Rádio e TV
Rubem Martins Amorese

Senado Federal — ISSN 1516-1277

Publicação do Gabinete do Senador Artur da Távola

É necessário reiterar que essa ressemantização (ou ressignificação) do termo não pode ser creditada a um único pesquisador, grupo ou universidade, já que contou com a colaboração de vários cientistas brasileiros que, por sua vez, estudaram depoimentos de dezenas de especialistas nacionais e internacionais para consolidar o que chamamos de educom. Nesse sentido, a pesquisa fundante pode ser considerada um divisor de águas, mas foi apenas o marco inicial de uma longa discussão ainda em curso.

A partir daqui encaminharemos nossas análises para os aspectos semânticos relacionados com o termo *educomunicação*, uma etapa necessária para entendermos os processos de ressemantização/ressignificação os quais se sempre associam ao aclaramento conceitual da EC.

DO CONCEITO À PALAVRA

> Mas, se a linguagem não mais se assemelha imediatamente às coisas que ela nomeia, não está por isso separada do mundo; continua, sob uma outra forma, a ser o lugar das revelações e a fazer parte do espaço onde a verdade, ao mesmo tempo, se manifesta e se enuncia.
> (Michel Foucault, 1998)

Uma das discussões mais extensas no âmbito da educomunicação enfoca a própria palavra que a denomina, o que nos leva a uma espécie de "metaontologia". Ao contrário do que possa parecer, a questão da terminologia não é desimportante, pois, como nos ensina Michel Foucault, a linguagem (e, por extensão, a palavra) é mais necessária do que exata. Isso não quer dizer que os nomes determinam o que as coisas são, afinal, muitos são os exemplos de nomes desconectados daquilo que deveriam referenciar, entretanto, precisamos admitir que eles, no mínimo, nos contam uma história ou nos ajudam a entender como as ideias surgem e se transformam ao longo do tempo.

Felizmente, nosso ponto principal, ou o espaço que temos para aprofundá-lo, é reduzido, o que determina nossa opção por 1) analisar as transformações históricas do termo; 2) recorrer, de forma sucinta, a alguns recursos lexicográficos (etimologia, ontologia); e 3) apontar outras categorizações que se confundem em vários contextos com educom, explicitando seus diferenciais mais marcantes.

Também é bom esclarecer que as referências que nos orientam partem de autores que assumem sua proximidade com a práxis educomunicativa, seja no entendimento do conceito (expresso em seus textos), seja nas ações efetivas que esses educomunicadores praticam. Aliás, sobre práxis, esclarecemos que se trata de uma expressão oriunda da filosofia grega usada em diferentes acepções ao longo da história. Em nosso texto, adotamos a ideia de uma "união indissociável entre teoria e prática". Apesar de simplificadora, essa definição dialoga com Paulo Freire quando ele nos ensina que "A práxis, porém, é reflexão e ação dos homens sobre o mundo para transformá-lo. Sem ela é impossível a superação da contradição opressor-oprimido" (Freire, 1987: 38).

Nesta obra, estamos mais preocupados em fazer as perguntas certas e construir as melhores respostas provisórias que pudermos.

Comunicação atrelada à educação (ou seria o contrário?)

Muitos autores que orbitam o *educomverso* – e este neologismo faz parte das propostas que trazemos para a educomunicação – preferem inserir a proposição "e" (ou o símbolo "&", o "e comercial") entre os dois campos referenciais da educomunicação, evitando a fusão e o hibridismo que esse termo implica.

Uma busca on-line não muito aprofundada vai resultar em construções semânticas que invertem os dois substantivos (educação e comunicação) ou que recorrem a uma triangulação que insere outro campo referencial (tecnologia, mídia, arte etc.) ou expressão ("movimentos sociais", "desenvolvimento sustentável") na esperança de esclarecer melhor sobre o objeto do qual se está tratando.

Tais estratégias de atribuição de sentido podem até funcionar em contextos singulares e satisfazer necessidades pontuais, mas, evidentemente, não conseguem afirmar uma intransitividade – no sentido de completude, como aquela que se atribui a determinados verbos – que caracteriza a definição satisfatória de um termo. Dito de forma mais simples e direta, entendemos que a educomunicação merece ter seu sentido delimitado, evitando ambiguidades e ressaltando sua natureza única.

Esse é o motivo pelo qual entendemos que não se pode, pela simples associação de dois substantivos identificados com áreas de conhecimento (ou campos, como veremos logo adiante), classificar a educomunicação como uma ideia vaga que pode ser "encaixada" dentro de uma caixinha ou outra – por isso, não recomendamos o uso da construção semântica "comunicação & educação".

Comunicação/educação:
o espaço que nos une – "/" – ou nos separa?

Esta outra construção opta por inserir uma barra oblíqua entre as duas palavras. Como bem sabem os professores de Língua Portuguesa, em nosso idioma escrito, este sinal pode significar inclusão ou exclusão entre os termos. No primeiro caso a barra substitui a conjunção "e", separando os termos, enquanto, no segundo caso, o mesmo sinal substitui o "ou", buscando aproximá-los. É evidente que o emprego da barra oblíqua aqui busca a aproximação entre as duas áreas de conhecimento que seus vocábulos identificam. Porém, também é claro que o sinal mantém separada de forma estanque a identidade de cada uma delas, evitando qualquer tipo de fusão/mescla.

Há vários autores importantes, a começar pelo já mencionado Ismar Soares, que utilizaram em seus textos essa construção como ponto de partida – alguns, ainda hoje, mantêm-se fiéis a essa composição mais tradicional. Porém, não nos parece muito clara a diferença entre a separação dos dois substantivos por meio de uma conjunção ou por um sinal gráfico: as duas composições resultam em um distanciamento binário – pois, uma ou outra, uma e outra não deixam de ser sempre duas coisas distintas. Tal distinção nega a possibilidade de um terceiro elemento que compartilhe da natureza educativa e comunicativa e, ainda assim, afirme uma identidade se equiparando em categoria às duas áreas com as quais dialoga.

Aqui, cabe afirmar o que o leitor atento já tenha talvez intuído: assumir a educomunicação em sua práxis como área de referência implica em certa medida num "ato de fé", o qual se expressa no uso da palavra sem admitir sua substituição por qualquer outra. Vai daí que existe um grupo de autores –

inclusive o que assina este livro – que acredita na necessidade de assumir integralmente a terminologia "educomunicação" (ou simplesmente educom) sem sinônimos e sem derivações.

Simplesmente educom

Confesso que, um par de décadas atrás, a ausência da palavra *educomunicação* dos dicionários era uma constatação bem frustrante. Excluindo as controversas menções da Unesco, das quais já tratamos, a inclusão do neologismo no léxico aconteceu primeiro no idioma italiano, por Soares (2002), antes que fosse incluído no Vocabulário Ortográfico da Língua Portuguesa (Volp). Note-se que o Volp é só uma espécie de catálogo que reconhece palavras como pertencentes à nossa língua, mas não apresenta suas definições, por não se tratar de um dicionário.

Já na literatura específica, a definição da EC se modificou sensivelmente ao longo do tempo, e um dos primeiros enunciados (de longe o mais citado) preconiza que ela é:

> [...] o conjunto das ações inerentes ao planejamento, implementação e avaliação de processos, programas e produtos destinados a criar e a fortalecer ecossistemas comunicativos em espaços educativos presenciais ou virtuais (tais como escolas, centros culturais, emissoras de TV e radioeducativos, centros produtores de materiais educativos analógicos e digitais, centros coordenadores de educação a distância ou "e-learning", e outros...), assim como a melhorar o coeficiente comunicativo das ações educativas, incluindo as relacionadas ao uso dos recursos da informação no processo de aprendizagem. (Soares, 2000: 63)

A definição foi reformulada, anos depois, como consta em:

> [...] o conjunto das ações inerentes ao planejamento, implementação e avaliação de processos e produtos destinados a criar e fortalecer ecossistemas comunicativos em espaços educativos, melhorar o coeficiente comunicativo das ações educativas, desenvolver o espírito crítico dos usuários dos meios massivos, usar adequadamente os recursos da informação nas práticas educativas, e ampliar capacidade de expressão das pessoas. (Soares, 2005: 1)

Edu... o quê?

Essa reconstrução epistemológica remete mais à busca por uma complementaridade da anterior do que a algum tipo de retificação. Parece também indicar um retorno ao foco na comunicação, já que o enunciado de 2000 evidenciava grande preocupação com a educação on-line e os meios digitais. Como uma nova e mais recente reconstrução – inevitavelmente provisória – podemos mencionar dois aportes trazidos pela obra *Educomunicação: o conceito, o profissional, a aplicação* (2011), de Ismar de Oliveira Soares. O primeiro demonstra uma superação relativa aos enfoques anteriormente expressos e revela um amadurecimento do ponto de vista sociológico – paradoxalmente resgatando o conceito freiriano, mas que também está presente em Francisco Gutiérrez (1998) – de práxis social:

> A educomunicação é essencialmente práxis social, originando um paradigma orientador da gestão de ações em sociedade. Não pode ser reduzida a um capítulo da didática, confundida com a mera aplicação das TICs (Tecnologias da Informação e da Comunicação) no ensino. Nem mesmo ser identificada com alguma das áreas de atuação do próprio campo, como a "educação para e com a comunicação" (mídia e educação). Tem lógica própria, daí sua condição de campo de intervenção social. (Soares, 2011)

Em adendo, poucos parágrafos após esta abordagem inicial, nosso autor de referência assinala que, na perspectiva do NCE/USP, a educom consiste em

> [...] um campo de ação emergente na interface entre os tradicionais campos da educação e da comunicação, apresenta-se, hoje, como um excelente caminho de renovação das práticas sociais que objetivam ampliar as condições de expressão de todos os segmentos humanos, especialmente da infância e da juventude. (Soares, 2011)

Essa tendência indica outra opção que veio a reboque dos inúmeros projetos educativos embasados na abordagem educomunicativa: a ênfase na educação de crianças e jovens em contexto escolar (educação formal) ou paraescolar (educação não formal e informal).

Há um aspecto denotativo claro nesse termo, isto é, na fusão ou imbricação das palavras *educação* e *comunicação*, criando um terceiro substantivo

Educomunição

que não se confunde com os outros dois. Talvez essa sobreposição um tanto forçada explique a facilidade com que empregamos "educom" como um substituto mais eficiente.

Como ponto de partida, já mencionamos o caráter híbrido que a palavra educomunicação carrega, como se fosse algo que não é **totalmente** educação ou que não seja **somente** educação. No meio do caminho, esse vocábulo se transforma e se confunde com o da comunicação, resultando num choque cognitivo, mais provocador do que elegante. A impressão é a de que precisamos nos acostumar com o nome educomunicação, assim como também aprendemos a nos acostumar com a ideia de uma práxis educomunicativa diferenciada em relação às estratégias e recursos da educação e da comunicação – mas próxima em relação aos seus objetivos e metas.

Seja lá como for, se pensamos na ordem de "mescla" nas palavras, pode nos ocorrer que a educação é priorizada e que a comunicação viria a reboque de suas demandas. Esse não é um entendimento falho, já que a educom se constrói como um fazer voltado para o atendimento das demandas educacionais.

Por outro lado, a ideia de uma educação "se transformando" em comunicação poderia ser entendida como uma valorização da segunda, entendendo que partimos do educacional para chegar ao comunicacional, logo, essa é a meta que buscamos alcançar. Essa leitura alternativa também é defensável, principalmente considerando a especificidade histórica da educom, posto que se origina do trabalho de educadores populares (na origem) e (mais recentemente) de comunicadores sociais – radialistas, jornalistas etc. –, ao invés de pedagogos ou professores licenciados.

Para concluir esta reflexão, a resposta que nos parece mais coerente também ressalta a singularidade epistemológica da educomunicação, já apresentada em nossa "Introdução" como uma abordagem educacional centrada nos processos de comunicação geridos de forma horizontal e aberta e protagonizada pelos educandos. Essa "quase definição" pode ser considerada outra de nossas propostas, ainda em fase incipiente, portanto, sem ter um desenho definitivo. Esperamos que o leitor nos acompanhe neste caminho tortuoso, mas necessário, para construir, se não o conceito em si, a compreensão que nos possibilita chegar a algum.

Na próxima parada deste itinerário, compartilharemos alguns dos percalços vivenciados pela educomunicação nos meios acadêmicos até ser reconhecida como uma matriz válida e consistente de conhecimento científico.

Ainda que essa discussão aparente ser do interesse específico da ciência (e dos cientistas) da comunicação e similares, é preciso entender que a inserção histórica da educom em grandes projetos, políticas públicas e marcos legais só foi possível depois que ela superou – ainda que não de forma completa – a rejeição de vários de seus pressupostos.

Campo, paradigma ou o quê?

Este debate especificamente conceitual consumiu considerável energia e tempo, além de ter gerado um volume enorme de textos publicados em livros, periódicos e anais de congressos que buscam definir *o que*, exatamente, seria a educomunicação.

Mas, se vamos entrar nesta seara, que tal começarmos definindo o que é... uma definição?

De acordo com um popular dicionário etimológico (Cunha, 2010), definir vem de "determinar a extensão ou os limites de", derivando da palavra latina *finis* – fim. Nesse sentido, atribuir um sentido coerente e adequado a um substantivo como educomunicação consistiria numa tarefa de explicar (e justificar) um ou mais significados, preferencialmente aquele ou aqueles mais aceitos ou mais disseminados. Num segundo momento, também consideramos importante estabelecer um limite pautado na constatação do que a educom *não* é. Seguiremos pelos dois caminhos.

Além da eventual origem das palavras (viés etimológico) e de sua acepção fixada em dicionários, a definição estrita de educom – e de qualquer outra coisa – é uma prerrogativa do ramo da filosofia denominado *ontologia*. Sobre esta última, o que podemos dizer é que sua mera introdução foge muito do âmbito de deste livro. Assim, nos contentaremos em adotar aqui o sentido *lato* aplicável a "uma possível ontologia" da educomunicação.

O termo *lato*, de origem latina, por sua vez, se distingue do termo *stricto* (estrito) por traduzir o senso comum, e não a categorização científica do elemento que se pretende definir. Essa opção se deve ao caráter introdutório deste livro, mas principalmente à intenção de reafirmar a ideia de que a educomunicação é considerada por muitos um conceito ainda em construção.

Seja como for, a pesquisa fundante de Soares foi taxativa em assinalar a noção de "campo" desde seu subtítulo "a emergência de um novo campo e o perfil de seus profissionais". Como se tratava de um trabalho de natureza acadêmica, a cobrança por um sentido estrito sempre foi muito grande, de sorte que a expectativa dos estudiosos – e de alguns leigos – era a de uma demonstração cabal de que a EC preenchesse todos os requisitos que a configurassem como um "campo". Faltou, no entanto, apontar uma referência (no senso estrito) unívoca sobre o que é um campo.

Para todos os efeitos, o estudioso mais referenciado sobre a questão é o sociólogo francês Pierre Bourdieu (1930-2002), cujas análises se davam por um viés crítico, e não com a intenção de tipificar o que deveria ser chamado de *campo*.

Por outro lado, também existe o entendimento de campo como "área de conhecimento", o que faz sentido quando se busca estabelecer categorias para autorizar o funcionamento de cursos superiores e para o financiamento de projetos de pesquisa científica.

Nos últimos anos, a terminologia referente à educomunicação, mais uma vez de acordo com os escritos de Ismar Soares, passou a incluir a noção de *paradigma* como um de seus designativos:

> Nesse sentido, o novo conceito, tanto como paradigma quanto como procedimento, coloca-se a favor do professor que alimenta o ideal de contribuir para que profundas mudanças na realidade pessoal e comunitária de seus estudantes se tornem possíveis, a partir de um ensino médio renovado. (Soares, 2011)

Esse termo, por sua vez, foi popularizado (embora não seja exatamente popular) principalmente por conta do trabalho do cientista estadunidense Thomas Kuhn (1998), cujas ideias sobre Filosofia da Ciência acabaram ultrapassando os muros da academia. Entretanto, dado o caráter mais geral atribuído por seus autores à educomunicação enquanto paradigma é mais fácil identificar a influência de outro cientista-filósofo contemporâneo: Edgar Morin. Fiel à análise crítica da ciência, como seu conterrâneo Bourdieu, o também sociólogo e filósofo Morin define os paradigmas como "[...] princípios ocultos que governam a nossa visão das coisas e do mundo sem que disso tenhamos consciência" (Morin, 2005: 10).

É difícil assegurarmos se a mudança de campo para paradigma nos ilumina melhor sobre a natureza da educom, mas, com certeza, estimula as discussões dentro e fora do meio acadêmico. Uma dessas discussões, bem mais recente, é sobre a "educomunicação possível", a qual, segundo o Claudemir E. Viana, professor da USP e membro fundador da Associação Brasileira de Pesquisadores e Profissionais em Educomunicação (ABPEducom), pode ser qualificada como

> [...] uma situação intermediária, entre o ideal e o possível, o existente e o desejado. E sua utilidade está exatamente em não se perder de vista que a intervenção educomunicativa é construída aos poucos, conforme a evolução da execução de suas propostas, ou seja, sua práxis cotidiana, e que resulta da atuação direta dos sujeitos participantes. (Viana, 2017: 928)

Podemos considerar esta última definição uma constatação de que, sem abrir mão da "utopia" invocada por Paulo Freire, é necessário compreender e enfrentar as limitações inerentes ao trabalho dos educomunicadores, ao invés de aguardar que se estabeleçam condições ideais para implementar projetos educomunicativos.

Em nossa própria experiência, pudemos constatar que o interesse pela educomunicação e seus projetos aumenta na dimensão dos desafios que necessitam ser superados. Referimo-nos, aqui, desde condições estruturais desfavoráveis ao diálogo e à comunicação em geral – algo que Kaplún chamaria de "incomunicação" – até contextos de violência simbólica e agressões concretas.

Não por acaso, a educomunicação possível não prescinde de um diagnóstico de situação e de considerarmos fatores cruciais como a situação de vulnerabilidade dos interlocutores e sua predisposição para mudanças relacionais, por vezes difíceis e demoradas. Definitivamente, a educomunicação não é uma panaceia.

Educomunição

O QUE *NÃO* É EDUCOMUNICAÇÃO?

Acreditamos que para um entendimento menos genérico do que seja a EC é interessante apontar outras correntes que combinam educação, mídia e tecnologia, as quais, em grande medida, não compartilham com ela as origens históricas, o *modus operandi* e a ideologia que a orienta (que tal perdermos o medo da palavra?).

Dado o número crescente de designações que vem se somando a uma lista já extensa, trataremos daquelas mais comumente empregadas e que, por isso mesmo, são confundidas com a educom.

Informática educativa

Podemos dizer que essa abordagem surgiu na convergência entre os avanços da informática e a busca, por parte do campo educacional – particularmente as escolas, mas não apenas elas –, de novos e poderosos recursos capazes de atrair e manter a atenção de novas gerações de estudantes, pouco interessados nas dinâmicas expositivas que imperaram por décadas nas salas de aulas.

Nos hoje longínquos anos 1980, a introdução dos computadores na escola definiu uma tendência pedagógica crescente de informatização das práticas pedagógicas e investimento estrutural na construção de laboratórios digitais, ilhas ou "cantinhos" que demarcavam espaços e tempos em que ocorria o acesso ao computador. Se, no princípio, as soluções educacionais eram pouco mais do que adaptações virtuais de objetos corriqueiros da sala de aula, tais como livros didáticos, enciclopédias, cadernos e lousas digitais, ao final dos anos 1990 (período que coincidiu com a disseminação da internet), já havia inúmeros recursos desenvolvidos especificamente para a integração dos computadores no currículo e vice-versa. Podemos mencionar softwares educacionais, jogos digitais educativos e interfaces específicas como mesas alfabetizadoras, almofadas digitalizadoras e kits de robótica.

Por último, a informática educacional e seus subprodutos acabaram por incorporar recursos para a produção de mídia audiovisual, publicação de conteúdos áudio-escripto-visuais e a construção de ambientes on-line para interação, como os ambientes virtuais de aprendizagem (AVAs), blogs e sites.

Não causou surpresa quando muitos professores de informática educacional passaram a se identificar com os pressupostos da educomunicação, considerando que se tratava de uma corrente pedagógica voltada para o uso das chamadas tecnologias da informação e da comunicação – as onipresentes TICs. De fato, nas escolas conectadas, praticamente desaparece distinção entre o informacional e o comunicacional, haja vista que a combinação computadores/redes possibilita seu emprego, indistintamente, na criação e na circulação de conteúdos digitais, além de um grande aumento na frequência e volume do fluxo de comunicação interpessoal dentro e fora das escolas.

Entretanto, a rápida evolução dos meios informacionais e sua tardia aceitação pela escola resultaram em um nítido descompasso entre a evolução dos equipamentos e o desenvolvimento de metodologias igualmente inovadoras para orientar seu uso educativo. Note bem que consideramos aqui apenas as versões digitais dos computadores, deixando de lado a "máquina de ensinar" de B. F. Skinner, proposta na década de 1960 e associada ao modelo didático conhecido como "ensino programado", dos quais trataremos mais adiante.

De sua parte, a educomunicação sempre enfatizou seus objetivos pedagógicos com base em demandas sociais agudas cujo atendimento se apoia nas tecnologias disponíveis em contextos nos quais ela opera, embora não dependa delas.

Mídia-educação ou educação midiática

A educação midiática, que se confunde, por vezes, com a literacia midiática, foi proposta pela Unesco, ao menos, desde 1982. Àquela altura, foi publicado um importante documento identificado com o nome da cidade da então República Federal da Alemanha na qual ele foi publicado: a "Declaração de Grünwald sobre a educação para a mídia". Apesar de sua brevidade, o documento ressalta com clareza que "Mais do que condenar ou apoiar o indubitável poder da mídia, torna-se necessário aceitar o seu impacto significativo e a sua difusão por todo o mundo como um facto consumado [...]". O tom urgente e integrador das mídias como um elemento indispensável na formação de crianças, jovens e adultos contrasta vivamente com as tendências moralizantes e desconfiadas da corrente "leitura crítica dos meios", até então hegemônica nas discussões pedagógicas.

Figura 3 – Capa do livro *Media education* de David Buckingham

A superação do paradigma informacional na educação inaugurou uma fase de grande valorização do potencial educativo dos meios de comunicação, o que agregou um elemento extra à necessidade de domínio de competências: o domínio das linguagens comunicacionais, que não se restringe à aprendizagem da lógica computacional e, muito menos, dos códigos específicos de uma ou de outra linguagem de programação.

Edu... o quê?

Ao longo dos anos a Unesco e alguns autores a ela conectados, como David Buckingham (2022), aprofundaram a abrangência dos conceitos e métodos para se trabalhar com *media education*. Tendo em vista as observações que já fizemos sobre a transição de um olhar tecnológico-informacional para um outro olhar, deslocado para a comunicação e suas linguagens, devemos admitir que o conceito de *media education* (ME) pode ser considerado o mais aceito e o mais influente entre todos os designativos que correm em paralelo com a educomunicação.

Entretanto, do nosso ponto de vista, existe um aspecto diferencial nítido que demarca a fronteira entre essas duas abordagens: a ME surge como uma construção europeia postulada e defendida pela Unesco e que, não obstante sua disseminação mundial, retrata os anseios e temores dos países mais desenvolvidos, nos quais o pacto social parece ter chegado a um ponto de equilíbrio. Partindo desse contexto, faz sentido que a escola lide com a mídia numa perspectiva de assimilação e apropriação de um *know-how* já sistematizado e que não demonstra (no mais das vezes) uma preocupação enfática com a exclusão social inerente ao capitalismo tardio (Mandel, 1982) e, muito menos, com a luta de classes.

Já a educomunicação, historicamente, foi sendo gestada dentro do universo turbulento e fragmentado das sociedades latino-americanas, sob a égide da incerteza e da opressão política que grassavam em quase todos os países de nosso continente (com exceção dos EUA e Canadá). Esse olhar periférico, de sociedades jovens e ainda traumatizadas pelo colonialismo e o escravagismo, engendrou sua base epistemológica: a pedagogia libertária (ou do oprimido). Esta não se confunde com a pedagogia democrática do Velho Mundo, posto que as nações periféricas, abduzidas pela globalização, aspiravam – e ainda aspiram – pela justiça social e os valores coletivos, como uma demanda a ser atendida antes de qualquer outra.

Literacia midiática

O uso da expressão a literacia midiática é muito corrente em Portugal, onde ela aparece não só na esfera acadêmica, mas também nos planos de governo. A genealogia dessa abordagem também é frequentemente reputada

53

à "Declaração de Grünwald sobre a educação para a mídia", no trecho em que o documento assinala que "Crianças e adultos necessitam ser alfabetizados em todos os três desses sistemas simbólicos, e isso vai requerer alguns realinhamentos das prioridades educacionais" (tradução do autor). Na versão em português de Portugal, a tradução de "*be literate*" resultou em "ser alfabetizados", referindo-se às crianças, aos adultos e à tríade dos sistemas simbólicos constituído por imagens, palavras e sons.

Em português brasileiro, o termo *literacia* raramente aparece, sendo substituído por "letramento". Sem entrarmos em grandes controvérsias, cabe destacar que essa discussão tem muito a ver com os desenvolvimentos posteriores ao método de alfabetização de Paulo Freire, na medida em que seus escritos foram reinterpretados na perspectiva de que aprender a soletrar é diferente de se apropriar da multiplicidade de sentidos no processo de domínio da leitura e escrita protagonizado pela escola.

Apesar de muitos educadores considerarem alfabetização e letramento como sinônimos, outros, como a autora Paula Cristina Lopes, advogam consistentemente pela consolidação do termo *literacia*, embasando sua adoção a partir do resgate, não apenas de uma palavra, mas de um conceito aplicável em várias instâncias pedagógicas. Assim *literacia* midiática seria a capacidade de ter acesso às mídias, compreendendo e avaliando criticamente os diferentes aspectos dos seus conteúdos, criando comunicações em diversos contextos (Lopes, 2018).

Para o aprofundamento dessa discussão e sua contextualização em nosso meio, recomendo a leitura dos escritos da autora Magda Soares (2018) sobre tais questões.

MIL (*media information literacy*)

A sigla MIL corresponde a *media information literacy*, que, na tradução do português europeu, se tornou AMI ou alfabetização midiática e informacional. Esta abordagem se autodefine como uma matriz curricular e de competências que combina duas áreas distintas – a alfabetização midiática e a alfabetização informacional, indo além daquilo que as terminologias significam individualmente.

Figura 4 – Capa do currículo MIL para professores da Unesco

A MIL substituiu, com vantagens, na virada dos anos 2000, o conceito de *media education*, destacando que, definitivamente, seu foco não é sobre a recepção midiática ou a tecnologia em si, mas sobre a forma como são utilizadas. Além disso, a ideia de alfabetização midiática dialoga com a de letramento digital em uma dimensão que parece querer conciliar as vertentes de educação para as mídias e educação para a tecnologia.

Outra vertente que se evidencia na proposta da MIL – materializada numa espécie de manual de práticas (Wilson, 2013) – e que teve bastante repercussão na área é a concepção da alfabetização informacional como uma ação indissociável da educação midiática. Sobre isso, há alguns anos em sua homepage, Buckingham (2017) manifestou críticas (pertinentes, a

Educomunição

meu ver) sobre a neutralidade do termo *informação* tal como é empregado na MIL, afirmando que ele não é "apenas conceitualmente incoerente, mas também educacionalmente problemático".

O autor menciona ainda uma declaração de Gavin Wilde (analista da Fundação Carnegie) que, tentando compreender "por que as pessoas passam a acreditar e a agir com base na 'desinformação'", recomenda uma análise das técnicas da informação para além dos aspectos puramente técnicos.

Seja como for, a Unesco tem investido bastante nessa vertente, estendendo seu alcance para várias outras áreas de atuação social. O órgão propõe, inclusive, que a MIL se torne um referencial de indicadores para avaliar a qualidade das políticas públicas no contexto urbano, convertendo-se no conceito "MIL *Cities*/Cidades MIL" (Ortiz et al., 2022).

Competência digital, folkcomunicação e outras denominações

A esta altura podemos identificar ao menos duas tendências que muitas vezes se confundem na atitude da escola em relação ao papel dos novos meios na educação: (1) a centralidade nos conceitos e aplicações envolvendo as tecnologias da informação e comunicações (TICs) e (2) a centralidade nas linguagens e estratégias comunicacionais aplicadas à educação.

Para nos distanciarmos de outras vertentes que, apesar de possuírem paralelos históricos e conceituais com a EC se constituem em abordagens bastante distintas, descreveremos aqui algumas delas de modo sucinto.

A expressão "competência digital" é bastante popular entre nós, talvez por influência dos documentos publicados na Espanha e que, por lá, são orientadores de políticas públicas (tal qual a literacia mediática em Portugal).

Ela aparece como o 19º item do Plano de Recuperação, Transformação e Resiliência defendido pelo Miteco (sigla em espanhol para Ministerio para la Transición Ecológica y el Reto Demográfico da Espanha) naquele país (Espanha, 2023). Já no Brasil, ela é mencionada no primeiro e quarto itens das competências gerais da versão final da Base Nacional Comum Curricular (BNCC) (Brasil, 2018), embora seja mais bem descrita no item 5 do mesmo documento:

56

> Compreender, utilizar e criar tecnologias digitais de informação e comunicação de forma crítica, significativa, reflexiva e ética nas diversas práticas sociais (incluindo as escolares) para se comunicar, acessar e disseminar informações, produzir conhecimentos, resolver problemas e exercer protagonismo e autoria na vida pessoal e coletiva. (Brasil, 2018: 9)

A folkcomunicação é uma área de estudos proposta pelo jornalista e pesquisador pernambucano Luiz Beltrão de Andrade Lima para investigar os processos sociais envolvidos na cultura e na comunicação populares. Embora não se trate de uma abordagem metodológica voltada para a educação, ela se tornou bastante influente no entendimento da cultura de massa, conceito bastante popular na primeira metade do século XX e que foi substituído pelo termo "mídia", principalmente depois da publicação das obras de Marshall McLuhan.

Beltrão formou-se em Direito (como seu conterrâneo Freire), mas atuou principalmente como jornalista e foi o primeiro acadêmico a obter um doutorado em comunicação no país. Ainda, tornou-se o comunicólogo brasileiro mais conhecido e respeitado no na América Latina durante muito tempo.

Embora distinta da EC em seu objeto de estudo e foco de interesse, a originalidade e a repercussão dessa construção híbrida que viceja até hoje pode apontar um caminho interessante para a nossa abordagem, na medida em que demonstra a possibilidade de ela conviver com várias correntes de pensamento que às vezes se confundem com ela e ameaçam absorvê-la. Isso tudo sem perder sua coerência epistemológica e o rigor científico sustentado com esforço ante a comunidade acadêmica.

Também mencionaremos aqui alguns termos que podem causar eventuais confusões com a educomunicação, ainda que não tenham com ela qualquer relação direta: endocomunicação, que equivale à comunicação interna de uma instituição ou corporação; edutenimento, que é a tradução literal de "*edutainment*", ou seja, o emprego de estratégias lúdicas, de lazer ou similares para se obter resultados didáticos ou pedagógicos; e infoeducação, que pode ser entendida como um equivalente à literacia informacional, uma área de estudos aplicados visando a compreensão e contextualização social das informações.

Até aqui, esperamos ter elucidado o significado do termo educomunicação. No próximo capítulo pretendemos situar no mapa (literalmente) e aproximar os leitores dos personagens importantes que contribuíram para a consolidação desse conceito.

O que dizem os educomunicadores? (Sobre o que é – ou não – a educomunicação)

"Eu entendo a educomunicação como um paradigma, ou seja, um conjunto de noções-chave sobre o fenômeno sociocultural da interface entre educação e comunicação. Me identifico com a EC devido ao caráter social que é atribuído ao fenômeno da comunicação, e a comunicação como prática social que permite não só a aprendizagem, a ampliação dos conhecimentos e a articulação dos vários saberes, mas, sobretudo, a atuação do sujeito na sociedade como cidadão ativo através da sua prática comunicativa responsável, coletiva e colaborativa."

(Claudemir Edson Viana, professor pesquisador na licenciatura em Educomunicação da ECA/USP e coordenador do NCE/USP)

"Educomunicação é a educação midiática que tem como proposta democratizar o acesso e apropriação dos meios de comunicação, por meio de projetos de intervenção social, para diversificar e amplificar as vozes no ambiente midiático."

(Christiane Pitanga, professora e coordenadora do curso de Jornalismo da Universidade Federal de Uberlândia-UFU/MG)

Educom no Brasil e no mundo

> Este capítulo oferece um panorama dos atravessamentos
> geográficos e históricos da educomunicação
> a partir de seus protagonistas individuais e institucionais.

UM POUCO DE GEOGRAFIA

Agora que já foram introduzidos os diferentes conceitos que convergem para o termo educomunicação e apresentados um pequeno conjunto de marcos históricos, os quais contextualizam sua construção, será tratada a inserção da abordagem educomunicativa no Brasil, na América Latina e no mundo – mas não necessariamente nessa ordem.

É importante visualizar a sucessão de iniciativas associada à aducomunicação. A essa altura já é possível descartar a ideia de que a educom surgiu como uma estratégia concebida e articulada pela Unesco – instituição plurinacional que optou pela ideia mais aberta (e neutra) da educação midiática (num primeiro momento) e da alfabetização midiática e informacional – mais recentemente.

Iniciativas de pedagogia democrática podem ser historicamente mapeadas na Europa, considerando as escolas de Leon Tolstói, de Alexander S. Neil e, principalmente, a abordagem de Celestin Freinet. A Yasnaia Poliana, mistura de casa e escola na qual cresceu Tolstói, é considerada uma das experiências mais arrojadas em direção à pedagogia democrática; a escola Summerhill foi fundada ainda na década de 1920 por Neil com uma filosofia orientada por grades de aulas e disciplinas opcionais e um código de conduta construído coletivamente pelos alunos, e serviu de modelo e inspiração para a Escola da Ponte (em Portugal) e, ao menos, duas escolas municipais da cidade de São Paulo; por fim, o jornalista Freinet é reconhecido por ter introduzido na França do período entreguerras uma metodologia de estudo baseada na criação de um jornal colaborativo pelos estudantes no ensino básico. Contudo, apesar deste mapeamento europeu, as informações disponíveis dão conta de que a consolidação de um pensamento afirmativamente educomunicativo se construiu de forma autóctone na América Latina.

Para esclarecer melhor: o conceito de escola democrática, surgido na Europa em diferentes momentos e locais, valoriza o diálogo e a deliberação entre os pares, entendendo que o protagonismo do educando deve conduzir o processo pedagógico. Ao mesmo tempo em que essa diretriz avança um degrau na escala em relação ao construtivismo piagetiano – conduzindo a aprendizagem como um estímulo ao intelecto, e não como a transmissão de conhecimentos acumulados –, por outro lado, ela pode ser interpretada como um processo de autorregulação coletiva que visa atender às especificidades individuais dos alunos, normalmente negligenciadas pela escola dita tradicional. Com certeza, essa é uma boa pedagogia, na concepção e no método, embora seja de difícil implementação em sistemas educacionais massivos e carentes de recursos, isto é, aqueles mais comumente associados à escola pública em contextos sociais periféricos.

Dito de outro modo, a pedagogia democrática exige não apenas professores e gestores excelentemente preparados como também um quadro social e econômico de relativa estabilidade (o que inclui a condição dos estudantes), no qual a garantia dos direitos humanos básicos e até a própria questão da sobrevivência dos indivíduos e grupos sociais não estejam em jogo.

Arriscando transformar essa discussão em controvérsia, ouso afirmar que o modelo democrático de escola tende a ser mais adequado em sociedades que já não se encontram em um processo agudo de luta de classes. Talvez por isso seja fácil destacar alguns êxitos pontuais como a Summerhill de Neil e a Escola da Ponte em Portugal (que, fundada em 1976 em Santo Tirso, abraçou a proposta da pedagogia democrática por iniciativa do educador José Pacheco), além de um punhado de outros exemplos que podem ser localizados no ensino privado ou até na rede pública – mas, nesse caso, sempre como exceção e nunca como regra.

Para corroborar essa afirmação, pode-se mencionar, também, a rede de escolas estadunidenses Sudbury, incensada – e duramente criticada – pelo seu modelo sem professores, sem classes e sem lição de casa.

Voltando à educomunicação, ela se torna, desde a origem, inseparável do conceito de pedagogia libertária freireana. Atenção: esta corrente não se confunde com o "libertarianismo" (ou "libertarismo"), ideologia que se popularizou na virada do século XX para o XXI, tendo sido apropriada por outras correntes ideológicas mais radicais da extrema direita como os anarcocapitalistas e os defensores do estado mínimo (minarquistas).

A distinção se torna clara quando as palavras de Paulo Freire são retomadas: "A compreensão desta pedagogia em sua dimensão prática, política ou social requer, portanto, clareza quanto a este aspecto fundamental: a ideia da liberdade só adquire plena significação quando comunga com a luta concreta dos homens por libertar-se" (Freire, 1967: 8).

Tendo em mente esse delineamento introdutório de "afiliações", abordaremos como e por que foram selecionados um reduzido número de protagonistas ou personagens da galeria de educomunicadores(as). Como quesito de escolha, optou-se por citar apenas cientistas ligados(as) à investigação científica, deixando para outra oportunidade a organização de uma lista de educomunicadores praticantes e ativistas que não atuem no meio acadêmico.

Educomunição

Com base nessa rede de contatos e outras referências, é pertinente agregar representantes ibero-americanos, para além do contexto brasileiro e latino-americano, além de uns poucos exemplos de autores anglo-saxônicos, os quais, muito raramente, empregam alguma expressão equivalente a "*educommunication*".

Além da brevidade das minibiografias, algumas ausências graves, inevitavelmente, serão sentidas, de modo que serão mencionados aqui nomes importantes para a história da educomunicação, mas que se distanciam conceitualmente em um ou outro aspecto, muitas vezes, destacando suas diferenças conceituais com a abordagem educomunicativa. A organização dos personagens apresentados está em ordem alfabética de nome e a das instituições, em ordem alfabética por estado da Federação.

GALERIA DE PERSONAGENS

A história relativamente breve da educomunicação foi erigida com a colaboração de muitas mãos e vozes, a maioria das quais desconhecidas não só do público em geral, mas dos próprios educadores e pesquisadores que transitam na interseção entre comunicação e educação.

Serão referidos aqui os precursores, entendendo que eles, mesmo não tendo assumido a terminologia educomunicativa, acabaram por abrir os acessos que resultaram na consolidação da EC e de sua práxis.

Na sequência, serão tratados dos pioneiros, entre os quais se incluem os teóricos que se autodenominam como educomunicadores ou que, por uma questão de proximidade, declaram o quanto suas atuações dialogam com a educomunicação. Por fim, há aqueles que, muito mais jovens que os precursores e pioneiros, se integraram de forma significativa a uma grande rede de agentes que se identificam como educomunicadores e com os princípios invocados pela educom. Essa galeria resulta, obrigatoriamente, tão variada quanto incompleta, ainda que esteja restrita aos personagens distribuídos majoritariamente a partir da segunda metade do século XX e no contexto ibero-americano.

62

1. ANGELA SCHAUN

Os estudos desta antropóloga foram fundamentais para a introdução do conceito de "expressão comunicativa por meio da arte" (originalmente grafada como "expressão comunicativa através das artes") entre as interfaces sociais da educomunicação.

Esse acréscimo se deveu, também, pela conexão direta entre o NCE/USP e o NCE/DEPCON – Núcleo de Comunicação e Educação do Departamento de Comunicação Social da Unifacs (Universidade das Faculdades Salvador), coordenado pela referida estudiosa.

Precocemente falecida em 2016, foi autora de dois livros que descrevem suas investigações participantes sobre as articulações comunicativas nas práticas educacionais de grupos afrodescendentes de Salvador, Bahia: tais como Ilê Aiyê, Olodum, Ara Ketu e Pracatum (Schaun, 2002a e 2002b). Sua trajetória intensa e brilhante registra vínculos com instituições de renome, tais como a Universidade Presbiteriana Mackenzie de São Paulo e a Universidade Federal do Rio de Janeiro (UFRJ).

2. CARLOS EDUARDO VALDERRAMA

O colombiano Carlos Eduardo Valderrama é sociólogo, docente e pesquisador nas áreas de sociologia da cultura e comunicação-educação do Departamento de Investigação da Universidade Central (DIUC), agência na qual atuou como conselheiro e vice-diretor acadêmico, além de membro do conselho editorial da revista *Nómadas*. Como acadêmico, foi membro-fundador e diretor da especialização em comunicação, diretor do Departamento de Ciências Sociais e reitor responsável pela Faculdade de Ciências Sociais da Universidade Central.

Seus objetos de estudo preferenciais se constituem nos meios de comunicação social, nas rádios comunitárias e nas tecnologias digitais de informação e comunicação na sua relação com a educação e a pedagogia, com a formação do sujeito político e com as relações sociais.

Autor e coautor de diversos livros envolvendo a comunicação, a educação e as juventudes, Valderrama encabeçou o projeto de pesquisa Modalidades Comunicativas na Formação para a Cidadania Escolar,

Educomunição

financiado por Colciencias (departamento encarregado da gestão e fomento de atividades de Ciência e Tecnologia na Colômbia) e pela Universidade Central da Colômbia.

3. GRÁCIA LOPES LIMA

A professora de Língua Portuguesa Grácia Lopes Lima é mestra pela ECA/USP e esteva à frente do Instituto GENs (empresa de finalidade social criada conjuntamente com o filósofo Donizete Soares) – criado em parceria com a Rádio Cidadã, emissora comunitária. Essa associação resultaria no Projeto Cala a Boca Já Morreu, ONG voltada para a produção radiofônica protagonizada por jovens e adolescentes e na qual se exercitaram várias dinâmicas de produção midiática educativa que seriam empregadas no Educom.rádio.

As atividades dessa pesquisadora, educadora e ativista do direito à comunicação prosseguem até hoje e, além de livros e artigos científicos, podemos apontar a importância histórica de sua tese de doutorado, defendida junto à Faculdade de Educação da USP em 2009 (Lima, 2009).

4. GUILLERMO OROZCO-GÓMEZ

O professor e pesquisador Orozco-Gómez nasceu em 1951 em Guadalajara, no estado mexicano de Jalisco. Especializou-se em Pedagogia na Alemanha e obtele seu doutorado em Harvard, universidade americana na qual também lecionou.

Ao longo de 41 anos de trajetória profissional, ele escreveu cerca de vinte livros e inúmeros artigos científicos (mais de oitenta) nas linhas de educomunicação, ficção televisiva e teoria e metodologia de análise de audiências. Entre seus (poucos) títulos traduzidos e publicados no Brasil, consta a obra *Educomunicação: recepção midiática, aprendizagens e cidadania* (Orozco-Gómez, 2014), apresentada como um trabalho assumidamente educomunicativo.

Orozco-Gómez colabora há décadas com projetos de investigação no Brasil, particularmente naqueles dedicados ao estudo da televisão (recepção televisiva). Sua obra é de grande importância, pois favorece o entendimento da teoria das mediações de Jesús Martín-Barbero à luz das contribuições iniciais do filósofo e sociólogo espanhol José Manuel Serrano, provavelmente o primeiro estudioso a atribuir o sentido de "mediação" adotado no que tange às ações educomunicativas.

5. JORGE HUERGO

Jorge A. Huergo (Argentina) é professor de Filosofia e Pedagogia. Concluiu o mestrado em Planejamento e Gestão de Processos Comunicacionais (Faculdade de Jornalismo e Comunicação Social e Centro Educacional de Comunicação La Crujía). Professor titular de Comunicação e Educação, diretor do Centro de Comunicação e Educação (CCE) da Faculdade de Jornalismo e Comunicação Social da Universidade Nacional de La Plata, diretor da pesquisa "Cultura midiática e produção de sentidos em práticas e sujeitos na cidade de La Plata" e codiretor da pesquisa "Cultura midiática e letramentos pós-modernos: estudo de alguns cenários culturais". Atualmente dirige o Programa de Pesquisa em Comunicação e Cultura da UNLP.

Foi educador popular e de adultos; diretor, professor e formador em institutos de ensino superior da Direção Geral de Cultura e Educação. Atuou como coordenador do Curso de Formação de Professores de Saúde, do Ministério da Saúde da Província de Buenos Aires. É autor de diversas publicações, entre as quais podemos destacar os livros *Comunicação/educação: áreas, práticas e perspectivas* (UNLP, La Plata, 1997) e *Cultura escolar, cultura midiática/intersecções* (UPN, Bogotá, 1999).

6. JOSÉ IGNÁCIO AGUADED GOMEZ

Este pesquisador espanhol é um dos maiores promotores do conceito de educomunicação na península ibérica. À frente do periódico científico de maior destaque na área de comunicação – a revista *Comunicar* –, ele vem garantindo espaço para a presença de pesquisadores da América Latina que atuam nesta área e em temas correlatos. Aguaded é doutor em Ciência da Comunicação com formação em psicopedagogia. É educador convicto, tendo atuado em praticamente todas as etapas de ensino, da educação básica ao ensino superior. Ele é professor da Universidade de Huelva, no sul da Espanha, e preside o importante grupo Alfamed – Rede Interuniversitária Euroamericana de Investigação em Competências Mediáticas para a Cidadania –, que congrega pesquisadores de diversos países, incluindo uma representação brasileira. Também é autor e coautor de mais de oitenta obras, sendo um dos responsáveis pela promoção do conceito de competência digital em seu país.

7. JOSÉ MARTÍNEZ DE TODA Y TERRERO

Esse pesquisador, nascido na Venezuela, é outro representante de uma geração de estudiosos de linha crítica que se preocupou, desde o início da carreira, com os impactos que os meios de comunicação traziam para as dinâmicas educativas, particularmente nas escolas. Assim como seus contemporâneos, ele presenciou o deslocamento da televisão do centro para a periferia dos debates envolvendo mídia na educação, à medida que os meios digitais se disseminavam com a informática educativa até se tornarem quase onipresentes com a consolidação da internet.

Podemos afirmar que a obra de Toda y Terrero ilustra a presença de estudiosos de alto gabarito que buscaram criar uma visão latino-americana que não reproduzisse as tendências epistemológicas oriundas da Europa e dos Estados Unidos, preparando o terreno para que a educomunicação viesse a ser reconhecida.

8. ISMAR DE OLIVEIRA SOARES

Antes de tudo, devemos confessar nossa condição de suspeito por ter sido orientado em sua tese doutoral pelo estudioso em questão. Isso posto, seria mais justo apresentar a figura de Ismar Soares com base nas impressões de outros personagens e na voz do próprio investigador/ativista. Em entrevista-perfil concedida à revista *Comunicação & Educação* da ECA/USP no primeiro semestre de 2021, ele é descrito da seguinte forma:

> Licenciado em História pela Faculdade Salesiana de Filosofia, Ciências e Letras de Lorena, SP (1965). É também jornalista formado pela Faculdade Cásper Líbero (1970), mestre (1980) e doutor em Ciências da Comunicação (1986) pela USP com pós-doutorado, concluído em 2000, pela Marquette University de Milwaukee, WI, USA. Soares foi coordenador do NCE – Núcleo de Comunicação e Educação da ECA-USP por 18 anos e ressemantizou, em 1999, o neologismo educomunicação para designar um campo emergente de intervenção social na interface comunicação/educação. [...] promoveu os projetos Educom.TV e Educom.rádio, nos anos 2000; supervisionou a aplicação do Curso Mídias na Educação, do MEC, junto à rede de

educação do estado de São Paulo (2008-2012). Titular sênior da Universidade de São Paulo, é bacharel em Geografia e coordenou a implementação da licenciatura em Educomunicação junto à Escola de Comunicações e Artes da USP (2011), tendo exercido a coordenação do curso até sua aposentadoria. (Citelli, Nonato e Figaro, 2021: 157-158)

O papel principal por ele desempenhado sempre foi o de um grande articulador de estudiosos e praticantes de uma abordagem da educação para os meios que contemplasse a realidade da América Latina, um espaço desigual e historicamente relegado à periferia do mundo científico e tecnológico. O fato de esse estudioso ter assumido a sistematização do campo educomunicativo como uma espécie de missão não fez dele um autoproclamado "pai da educomunicação", ainda que ele seja reconhecido como o autor mais associado ao termo. Hoje, já tendo superado os 80 anos de idade e colaborado diretamente na formação de duas gerações de educomunicadores, ele permanece ativo à frente de organizações e eventos dedicados a promover a educomunicação no Brasil e no exterior.

9. PABLO RAMOS RIVERO

O psicólogo e cientista da comunicação Pablo Ramos é um dos representantes da educomunicação mais reconhecidos em Cuba. Embora esse país não seja um dos primeiros a ser associado quando pensamos em práticas educomunicativas, isso se deve muito mais ao desconhecimento generalizado sobre a cultura e a relação entre educação e mídia no cenário cubano. É importante lembrar que a publicação pioneira de *O comunicador popular* ocorreu justamente em Cuba. De fato, a educomunicação está muito presente nas políticas públicas educacionais desenvolvidas na maior ilha do Caribe e muito dessa proeminência se deve à atuação de Rivero. Segundo o diretório internacional RedEducom, as contribuições mais significativas desse estudioso à educomunicação "se concentram no campo de experiências práticas, focadas no trabalho com crianças e adolescentes. Além de ser um defensor da necessidade de criar redes colaborativas para as quais dedicou grande parte do seu trabalho".

Pablo Ramos Rivero dirigiu diversos projetos de pesquisa apoiados pela Unesco e outras entidades, tais como o Projeto Genesis (1995), o

Projeto Educom e a Rede de Educomunicação da Organização Católica de Comunicação da América Latina e do Caribe (OCLACC) (1999 a 2005), situada em Quito, no Equador, e o Projeto de Educação em Comunicação "Gemini", dentro do programa de colaboração com o Centro Nacional de Prevenção de DST/HIV/AIDS (entre 1998 e 2011). Como professor de pós-graduação, sua atuação foi extensa, tendo lecionado em vários países, tais como Espanha, México, Venezuela, Nicarágua, Colômbia e Chile, entre outros.

10. VALERIO FUENZALIDA

Como vários outros pioneiros latino-americanos na pesquisa da relação entre mídia e educação, o equatoriano Valerio Fuenzalida estudou em escolas confessionais antes de concentrar naquela que viria a ser sua área preferencial de atuação: abordagem conceitual da educomunicação pela televisão.

Também é necessário levar em conta que o Equador desempenhou um papel histórico na criação e manutenção de instituições latino-americanas importantes para a defesa de práticas e teorias ligadas à comunicação social. Como exemplo, temos o Centro Latinoamericano de Estudios Superiores de Periodismo (Ciespal), criado em 1968, e a Asociación Latinoamericana de Educación Radiofônica (Aler), que se organizou a partir de 1972. Fuenzalida publicou diversos trabalhos influentes contestando os modelos de comunicação social praticados na América Latina e, de um ponto de vista particularmente interessante para a EC, estudos sobre a recepção televisiva por crianças e adolescentes. Muitos de seus livros foram publicados no Chile, Argentina e Espanha, demonstrando a relevância de sua contribuição para os contextos latino e ibero-americano.

CENTROS DE ESTUDO

Na sequência, será apresentada uma relação – flagrantemente incompleta, diga-se de passagem – de alguns centros de estudo acadêmico do Brasil (núcleos e grupos de pesquisa e extensão, departamentos e unidades) que têm garantido espaço para apoiar a fundamentação teórica e a práxis educomunicativa.

Educom no Brasil e no mundo

Quadro IV - Centros de estudos de educom

INSTITUIÇÃO	SEDE	CIENTISTA DE REFERÊNCIA
GdE e Pesquisas em Patrimônio, Arte e Cultura na Amazônia (GPAC) – UFRR	[a] Boa Vista/RR	Profa. Dra. Leila A. Baptaglin, Prof. Dr. Vilso J. Chierentin Santi
GP Jornalismo, Educomunicação e Cidadania (Educom.JOR) – Unemat	[b] Cáceres/MT	Profas. Dras. Antonia Alves Pereira, Rosana Alves de Oliveira
Bacharelado em Comunicação Social – Educomunicação (vários GPs)	[c] Campina Grande/PB	Profa. Dra. Raija Maria Vanderlei de Almeida
Programa de Pós-Graduação em Comunicação – Universidade Federal de Mato Grosso (PPCOM-UFMT)	[d] Campo Grande/MS	Profa. Dra. Rose Mara Pinheiro
GP sobre Docência, Linguagem e Tecnologias Digitais (GPDLTD)/UFPE	[e] Caruaru/PE	Profa. Dra. Ana Cristina Barbosa da Silva
GP em Educação Ambiental, Comunicação e Arte – GPEA/UFMT	[f] Cuiabá/MT	Profas. Dras. Michele Sato, Elni Elisa Willms
Grupo de Estudos e Pesquisa Professor, Escola e Tecnologias Educacionais (GEPPETE) – UFPR	[g] Curitiba/PR	Profa. Dra. Glaucia da Silva Brito, Prof. Dr. Jacques de Lima Ferreira
Núcleo de estudos e pesquisas em Educação e Psicologia Educacional na Cultura Digital – IFPR	[h] Curitiba/PR	Profs. Drs. Fernando R. Amorim Souza, Henrique Oliveira da Silva
GP Educação, Tecnologia e Sociedade – Uninter	[i] Curitiba/PR	Profa. Dra. Joana P. Romanowski, Prof. Dr. Rodrigo O. dos Santos
GP Design, Ergonomia e Usabilidade – Utfpr	[j] Curitiba/PR	Profa. Dra. Elenise L. da S. Nunes e Prof. Dr. Alexandre V. Pelegrini
Núcleo de Pesquisas sobre Mulheres Negras, Cultura Visual, Política e Educomunicação em Periferias Urbanas (Afrodiásporas) – FEBF-UERJ	[k] Duque de Caxias/RJ	Profa. Dra. Rosangela Malachias
GPs Observatório de Educomunicação/ EducomFloripa – Udesc	[l] Florianópolis/SC	Profa. Dra. Ademilde S. Sartori, Prof. Dr. Rafael Gué Martini
Grupo de Estudo e Pesquisa em Comunicação e Educação – UESC	[m] Ilhéus/BA	Prof. Dr. Antônio Nolberto de O. Xavier, Profa. Dra. Lívia A. Coelho
GP CriaNegra: Letras, Educação e Comunicação – Unipampa	[n] Jaguarão/RS	Profa. Dra. Sátira Pereira Machado, Prof. Dr. Wagner Machado da Silva
Grupo de Estudos Filosóficos em Representações Sociais – UESB	[o] Jequié/BA	Profas. Dras. Alba B. Alves Vilela, Zenilda Nogueira Sales
Objor Semiárido – Grupo de Pesquisa em Jornalismo, Gênero e Educomunicação – UFPB	[p] João Pessoa/PB	Profa. Dra. Sandra Raquew dos Santos Azevêdo, Prof. Dr. Carlos Alberto Farias de Azevêdo Filho

GdE e Pesquisas Econômicas, Sociais e Institucionais da Comunidade dos Países de Língua Portuguesa – IFECT/ Farroupilha	[q] Júlio de Castilhos/RS	Prof. Dr. Paulino Varela Tavares, Profa. Dra. Rosane Rosa
Rhecados – Hierarquizações étnico-raciais, Comunicação e direitos humanos – Uneb	[r] Juazeiro/BA	Profas. Dras. Ceres Marisa S. dos Santos, Márcia Guena dos Santos
Comunicação, Cultura e Mídia – Comídia/ DCS-UFRN	[s] Natal/RN	Profs. Drs. Daniel Dantas Lemos, Adriano Lopes Gomes
Centro de Estudos e Pesquisas Jurídicas da Amazônia – Cejam GP	[t] Porto Velho/RO	Profa. Dra. Aparecida Luzia A. Zuin, Prof. Dr. Delson F. B. Xavier
Observatórios de Mídia: ética, cidadania e direitos humanos – UFRRJ	[u] Rio de Janeiro/RJ	Profa. Dra. Ivana Mendes Cardoso Barreto
Grupo de Estudos e Pesquisas em Educomunicação (GEPEducomUFSJ)	[v] São João Del-Rei/ MG	Profa. Dra. Filomena Maria Avelina Bomfim
Núcleo de Comunicação e Educação (NCE-USP) e GPs conectados	[w] São Paulo/SP	Prof. Dr. Claudemir Edson Viana
Curso de jornalismo da Faced – UFU e GPs conectados	[x] Uberlândia/MG	Profas. Dras. Diva Silva, Christiane Pitanga, Vanessa Mattos
Núcleo de Pesquisas Educação e Artes em Diferentes Espaços – UFV	[y] Viçosa/MG	Prof. Dr. Valter M da Fonseca, Profa. Dra. Marilane de S. Bhering

O que dizem os educomunicadores (que pesquisam sobre a educomunicação)?

"Pensei livremente sobre meus atravessamentos com a educomunicação e compartilho: educomunicação me suscita o movimento complexo e transformador do ser e estar no mundo. Não há como afetar-se pelos princípios educomunicativos e continuar o mesmo. Educar comunicando numa práxis da experiência em transformação é um compromisso esperançoso!"

(*Diva Silva, professora e pesquisadora da Universidade Federal de Uberlândia/MG*)

"Eu me identifico com a educomunicação porque ela combina com o meu jeito dialógico de ser e estar no mundo. Quando entrei em contato com seus conceitos, me identifiquei automaticamente, pois já era educomunicador e não sabia. Já tinha essa perspectiva de editar meu mundo a partir de minhas próprias referências."

(*Rafael Gué Martini, professor e pesquisador da Udesc de Florianópolis/SC*)

Vertentes e interfaces sociais: as faces da educom

> Este capítulo apresenta e discute as categorias de intervenção da educomunicação desde sua origem até suas modificações mais recentes.

AINDA SOBRE A PESQUISA FUNDANTE

Nunca é demais lembrar que escolhi contemplar a educomunicação a partir de um ponto de vista: de dentro. O fato de esse grupo ser composto por muitas pessoas que orbitam a Universidade de São Paulo (mas não apenas por elas) ilustra o que é uma "vista a partir de um ponto".

A meu ver, isso não é um problema, até porque a educom ostenta, entre seus pressupostos, a diversidade em toda a extensão que esta palavra pode comportar. Por outro lado, a competição mais ou menos velada por posições em um *ranking* mundial por parte dos centros de excelência em pesquisa, além da disputa por verbas de financiamento à pesquisa, parece ter conspirado para uma atitude institucional mais afeita à disputa do que à colaboração.

Feito o alerta e estabelecido este "lugar de fala" – cuja discussão controversa não terá lugar nesta obra –, é necessário tecer dois comentários: há algum tempo a expressão "lugar de fala" surgiu por conta das questões étnico-raciais e de gênero. O problema é que, no bojo das discussões identitárias, criou-se a noção de uma ordem hegemônica na qual os grupos "minoritários" (num país como o nosso é contraditório pensar em gente preta e mulheres como minorias) teriam prioridade – quando não o privilégio – em pontificar no âmbito das questões.

Ao fim e ao cabo, é difícil avaliar o quanto essa visão contribui efetivamente para o avanço das pautas identitárias, de modo que, ao usarmos a expressão controversa, o fazemos no sentido amplo (*lato*), sem a pretensão de reivindicar um papel regulador sobre os conceitos empregados.

A história da pesquisa "A inter-relação comunicação e educação no âmbito da cultura latino-americana (o perfil dos pesquisadores e especialistas na área)" começa com a fundação do NCE/USP em 1996, mas, principalmente, com a organização do Congresso Internacional sobre Comunicação e Educação em São Paulo/SP em 1998 (o segundo Congresso só aconteceria vinte anos depois). O pioneirismo e as dimensões superlativas daquele encontro garantiram um volume substancial de informações que alimentou com referências a investigação conduzida por Ismar Soares. Segundo ele mesmo, "[...] a pesquisa usou vários instrumentos de coleta de dados, entre os quais um questionário exploratório (respondido por 178 especialistas de 14 países ibero-americanos), entrevistas realizadas junto a 25 pesquisadores e profissionais da área" (Soares, 1999: 24).

O resultado da investigação se materializou em pelo menos três volumes de textos compilados com cerca de duas mil páginas. Um dos volumes consistia num diretório de investigadores – majoritariamente latino-americanos –, sistematizado em ordem alfabética, com nomes e referências institucionais. Alguns desses personagens se tornaram referências importantes que contribuíram para aquilo que a pesquisa designou como "um campo emergente" e ganharão um espaço próprio ainda neste capítulo.

O volume principal do relatório de pesquisa, contendo o enunciado problema-hipótese-discussão e o resultado do processo investigativo, com mais de mil páginas, nunca foi publicado na íntegra. Entretanto, logo após a conclusão do relatório e seu encaminhamento para aprovação junto à Fapesp (entidade financiadora), ele ganhou uma versão resumida publicada na histórica (e já mencionada) revista do Senado Federal.

A importância da pesquisa fundante e sua repercussão para a área de estudos ainda não foi suficientemente dimensionada. Fato é que as considerações e proposições feitas à época serviram como fonte para algumas centenas (talvez milhares) de trabalhos acadêmicos, de estrito senso (teses, dissertações, monografias) a textos avulsos publicados em veículos acadêmicos, além de congressos nacionais e internacionais. Isso sem falar ainda de inúmeros livros e artigos veiculados em revistas não acadêmicas.

A disseminação lenta e constante do trabalho de Ismar Soares serviu também como suporte teórico e técnico para um número igualmente desconhecido de programas, projetos e ações desenvolvidos no setor público, instituições não governamentais e até mesmo instâncias privadas – nesta ordem de relevância. Ainda que não se possa dizer que o pesquisador uspiano, hoje já aposentado – mas nunca inativo –, seja o "descobridor" e, mesmo ainda, o inventor da educomunicação, é impossível não reconhecer seu papel como divulgador do conceito. No próximo capítulo, esse personagem ímpar da educom será estudado com mais profundidade. Por ora, serão apresentadas as questões sensíveis da taxonomia da EC em relação às suas áreas de atuação, também chamadas de vertentes ou interfaces sociais.

ÉRAMOS QUATRO (MAIS UMA)

Para entender a importância e as transformações conceituais sofridas pelo conjunto de categorias que se propõe a delinear o que é a educomunicação, podem-se adotar como ponto de partida as três conclusões principais apresentadas pela investigação inicial de Soares, aqui resumidas da seguinte forma:

1. Um novo campo de intervenção social – denominado inicialmente de "inter-relação comunicação/educação" – já se formara e estava em franco processo de consolidação.

2. Esse campo emergente, estruturado em um modelo "processual, midiático, transdisciplinar e interdiscursivo", inaugurou um novo paradigma discursivo transverso.

3. Quatro áreas de intervenção materializaram esse novo campo, a saber: a) educação para a comunicação; b) mediação tecnológica na educação; c) gestão comunicativa; e d) reflexão epistemológica sobre a inter-relação comunicação/educação (Soares, 1999: 65).

Essa taxonomia de quatro áreas, bem delimitadas e até certo ponto independentes entre si, serviu como base para a maior parte dos desenvolvimentos teóricos e das orientações práticas que incidiriam sobre o reconhecimento acadêmico e social da educom nos mais diversos contextos. O problema, se é que ele pode ser considerado como tal, advém do fato de que essa taxonomia, que emergiu daquele vasto questionamento nunca foi elaborada para ser definitiva ou imutável. Prova disso é que, um ano depois de proposta, ela já sofreu alterações pela necessidade de incluir uma nova categoria – a expressão comunicativa através das artes – em reconhecimento à importância do trabalho da socióloga Angela Schaun, ao qual em breve nos referiremos.

Ao longo dos anos, na medida em que os educomunicadores diversificavam seus focos de atuação, outras áreas de intervenção vieram se somar àquelas linhas-mestras identificadas pela pesquisa fundante. Além das artes, é possível constatar o delineamento da educomunicação socioambiental, muito conectada às demandas por educação ambiental do Ministério do Meio Ambiente (MMA) em meados dos anos 2000. Ainda podemos mencionar as inserções educomunicativas na produção midiática, nos direitos humanos e nas práticas curriculares nos seus diferentes níveis e estágios: educação infantil, ensino fundamental e médio, educação de jovens e adultos e formação superior.

Nota-se que essa multiplicação de categorias se torna um tanto complexa não só pela questão numérica, mas por revelar um desnivelamento ontológico entre elas e, principalmente, pela dificuldade de enquadrá-las na lógica epistêmica das categorias iniciais e ainda esperar que elas continuem funcionando como linhas de atuação independentes em suas especificidades.

Isso vale uma explicação mais clara: por lógica epistêmica entende-se que as vertentes definidas na pesquisa fundante descrevem conjuntos de atividades relatadas pelos respondentes dos questionários. Estes colaboradores da pesquisa possuíam, em grande parte, um perfil marcadamente acadêmico e, ainda que atuassem em diversos contextos, apresentavam como característica frequente a vinculação a escolas formais por meio de projetos e programas apoiados direta ou indiretamente por recursos governamentais. Vou me deter sobre as vertentes propostas inicialmente por Ismar Soares, que incorporou a contribuição decisiva de Schaun (e grande elenco) e estabeleceu essa construção inicial como a base para uma taxonomia reformulada que propomos nesta obra.

Educação para a comunicação: para e pela mídia

Esta configuração pode ser entendida como uma junção entre a educação midiática (*media education*) e a alfabetização ou letramento midiático (*media literacy*). Educar *para* a mídia implica desenvolver estratégias que, na origem, estavam no âmbito da leitura crítica dos meios. Essa corrente remonta à Escola de Frankfurt e suas metodologias "desconstrucionistas" da cultura de massas, as quais visavam denunciar as intenções alienantes conduzidas pelos meios de comunicação. Tais metodologias foram importantes no combate às manipulações da comunicação social interessadas na promoção do consumo e na desmobilização da consciência (e luta) de classes.

O nome "Escola de Frankfurt" se aplica a um grupo relativamente amplo de estudiosos alemães (e não a um local físico) que, nas décadas de 1920 e 1930 contribuiu decisivamente para a consolidação da linha dos chamados estudos críticos da cultura, particularmente com base no conceito de "indústria cultural". O grupo se dispersou com a ascensão do nazifascismo na Europa às vésperas da Segunda Guerra Mundial, não obstante, o crítico-culturalismo se tornou uma das maiores influências nos campos da comunicação e das artes.

Dada a sua grande disseminação nos meios acadêmicos e educacionais, essa criticidade, eventualmente, foi interpretada e praticada com sinal contrário: ao invés de questionar o *status quo* que controlava os meios de comunicação, muitas vezes, a crítica adquiriu um tom moralista, fenômeno muito comum quando instâncias de orientação conservadora (religião, escola tradicional etc.) se dedicaram a "demonizar" a TV, os quadrinhos, os games e diversas expressões culturais e artísticas. Para ser justo com a influência do pensamento religioso cristão nas origens da educom, é necessário ressaltar o papel de iniciativas como o MEB (Movimento de Educação de Base), que deu suporte ao uso pioneiro do rádio na alfabetização protagonizado por Paulo Freire, e a Sepac (Serviço à Pastoral da Comunicação), centro de estudos criado com apoio da Igreja Católica para promover a formação em leitura crítica das mídias e que adota o conceito da educomunicação. Criados respectivamente em 1961 e 1982, as duas instâncias permanecem ativas nos dias de hoje.

Felizmente, nos dias atuais, há pelo menos dois aspectos que se modificaram substancialmente em relação a essa abordagem moralista: em primeiro lugar, o tom denuncista/maniqueísta cedeu espaço para estratégias de desconstrução mais reflexivas e problematizadoras e mais condizentes com a complexidade inerente aos fenômenos comunicacionais e midiáticos. Em segundo lugar, a própria ideia de uma compreensão "objetiva" da mídia, isto é, enxergar as produções como objetos desconectados da vasta rede de sistemas e subsistemas que compõem a comunicação social, limita muito o alcance e a efetividade de qualquer análise consistente. Dessa forma, a visão mais atual que se estabelece entre estudiosos e ativistas na interface comunicação/educação recomenda 1) a indissociabilidade das motivações para se criar conteúdos e seus possíveis resultados; 2) o embasamento estritamente científico do conhecimento válido e sua qualidade ética e, por último, mas não menos importante, 3) seu valor cultural e apelo estético.

Embora atualmente haja quase um consenso em aceitar que as novas gerações já vêm ao mundo imersas e integradas em um ambiente tecnológico, a verdade é que o reconhecimento e a interpretação crítica de padrões culturais *não* são habilidades inatas. Por essa razão, a mediação educomunicativa ainda será sempre necessária para evidenciar a intencionalidade ideológica presente em todos os discursos midiáticos.

Já a abordagem do educar *pela* mídia, identificada pelas expressões alfabetização/letramento/literacia, não demonstra, necessariamente, um viés eminentemente prático, que começa e termina no fazer. Uma visão que se reduzisse apenas à realização empírica da produção midiática, sem sua devida contextualização pedagógica ou ressignificação conceitual, equivaleria aos antigos processos puramente silábicos de alfabetização textual ("b" com "a" = "ba"), que apostavam numa suposta neutralidade dos construtos culturais – premissa equivocada, sob qualquer viés –, além de desconsiderarem o repertório prévio dos educandos e suas inerentes implicações para a cidadania.

Embora haja alguns debates no meio educomunicativo sobre o grau de importância das estratégias vivenciais em produção midiática (muitas delas oriundas do trabalho das organizações sem fins lucrativos), é inegável que elas proporcionaram massa crítica e sistematização metodológica à EC. Por esse motivo, a maior parte dos projetos assumidos como educomunicativos acaba inserindo o "fazer com as próprias mãos" como uma estratégia recorrente. Exageros à parte, essa estratégia costuma ser bem-sucedida na formação de educadores/educomunicadores, assim como nas práticas curriculares orientadas para efetivar propostas inter e transdisciplinares nas escolas formais.

Nas últimas revisões taxonômicas das interfaces sociais da educomunicação, seu número avançou para oito áreas com a ressalva de que "alguns estudiosos afirmam que as ações que ocorrem no espaço da educação ambiental pertencem às diferentes áreas já consolidadas, representando apenas um espaço de aplicação, e não exatamente a uma genuína modalidade da prática educomunicativa" (Soares, Viana e Xavier, 2017: 16). Como já anunciado, ao final deste capítulo serão introduzidas apenas as quatro áreas de intervenção caracterizadas na pesquisa fundante, e complementadas pela quinta área, contribuição de Schaun.

Mediação tecnológica na educação

Esta vertente despontou como um eixo temático muito "quente", isto é, de grande atualidade e importância à época em que foi proposta. Lembremo-nos de que estamos tratando da passagem da década (e do século, e do milênio) de 1990 para os anos 2000. Muito mais do que o simbolismo do fim do século, esse recorte temporal significou a consolidação da internet como uma instituição definidora de tudo que viria a seguir. O que seria uma curiosidade e modismo passageiro foi elevado à categoria de interface social suprema inaugurando uma nova era não apenas para a comunicação, mas para todas as áreas de estudos do conhecimento científico.

No contexto brasileiro, é importante lembrar que os computadores já estavam nas escolas (inclusive nas públicas) ao menos desde os anos 1990.

No mesmo período, a formação de professores para o uso das tecnologias em sala de aula – as chamadas TICs – já era largamente promovida e, na primeira metade dos anos 2000, a maior parte das redes escolares públicas e privadas, em meio urbano, já investia em algum grau de acesso à *world wide web* e demais serviços fornecidos pela internet.

Aqui cabe trazer uma discussão sobre dois conceitos próximos, mas bastante diferentes, ambos incluídos no universo de elementos que integram a EaD e a educom: a mediação e a midiatização.

A mediação é um ato volitivo, isto é, implica intencionalidade (querer mediar), planejamento (saber mediar) e consciência dos efeitos da mediação. Logo, não se trata de estar "no meio de duas coisas" ou "intermediando" dois elementos que precisam ser conectados. Essa desconstrução/reconstrução teórica foi largamente desenvolvida em minha tese de doutoramento (Consani, 2008), de modo que só incluirei aqui uma pequena parte das conclusões, que pode ser conferida no verbete "Mediação" na seção final "Vocabulário básico da educomunicação". Já a midiatização pode ser definida (muito resumidamente) como o estabelecimento de uma interface midiática no âmbito de uma relação social que, no contexto educomunicativo, é identificada com um processo didático-pedagógico.

Na educação on-line, os processos de mediação são desenvolvidos usualmente por tutores que estabelecem uma dinâmica de interações entre os estudantes e os ambientes de aprendizagem (AVAs). Do ponto de vista da EC, não basta que mediadores sejam cumpridores eficientes de rotinas, por mais atenciosos e eficientes que se revelem nesse papel: mediar implica assumir uma responsabilidade compartilhada com o educando em um projeto compartilhado de (re)construção dos saberes. Nesse contexto, as perspectivas apontam para um envolvimento crescente dos educomunicadores com a mídia e sua produção. Sobre isso, aliás, a ênfase parece ter se deslocado da leitura crítica – ou desconstrução – para a produção (ou construção) de conteúdos em diversos suportes. Isso leva ao questionamento não só da centralidade das motivações e demandas no caráter destas ideias criativas, mas também de seu eventual deslocamento para as questões da disseminação dos conteúdos, tema que, hoje, é praticamente monopolizado pelas plataformas digitais on-line.

À luz da perspectiva histórica, pode-se inferir como a informatização influenciou as concepções pedagógicas e as estratégias didáticas (não necessariamente nesta ordem), ocasionando uma transformação da escola, quase sempre, de fora para dentro. Amiúde, isso significa que a pressão cultural, social e econômica se sobrepôs às demandas educacionais, causando a impressão de que a tecnologia educacional se ofereceu como solução para problemas que ainda nem estavam colocados pela instituição escolar. Era como se a presença massiva de computadores na sala de aula fosse um fato consumado ante o qual gestores, educadores e alunos tivessem que se adequar em nome de um ideal de eficiência, eficácia e qualidade inerentes ao novo modo de operação digital.

Não por acaso, a rápida transformação das escolas analógicas, que utilizavam com muita parcimônia até mesmo prosaicos recursos analógicos como as televisões e calculadoras, gerou uma divisão de atitudes entre os ressabiados, que encaravam as novidades como modismos passageiros, e os entusiastas, que acreditavam ser testemunhas de uma revolução. O tempo provou que a "transformação disruptiva" promovida pela tecnologia resultou num quadro muito mais complexo e dúbio do que o esperado, ainda que a profecia de sua inevitabilidade tenha sido cumprida. O que faltou (e fez falta) nessas últimas décadas parece ter sido a compreensão de que o rol de competências realmente necessárias para o desenvolvimento de capacidades cognitivas individuais e da habilidade de estabelecer vínculos sociais orientados para o bem-estar comum nada tem a ver com o domínio técnico dos artefatos digitais ou das linguagens de programação que os controlam: o verdadeiro valor da tecnologia advém de seu uso crítico orientado para o aprimoramento das relações na sociedade e a promoção da justiça social em todos os aspectos inclusivos.

Em suma: a mediação tecnológica na educação – que mereceria ser rebatizada como "mediação educomunicativa" –, ao invés de oscilar entre o entusiasmo ingênuo e a rejeição temerosa das novidades digitais (como, por exemplo, da inteligência artificial), se realiza plenamente na contextualização das soluções necessárias, mercê do diagnóstico correto das demandas sociais a serem priorizadas e sem renunciar aos ideais humanistas defendidos pela instituição escolar.

Gestão da comunicação nos espaços educativos

A perspectiva da gestão comunicacional na educação parece diretamente conectada, em sua origem, a um olhar administrativo que se popularizou nas escolas a partir da ideia da "gestão do conhecimento" como a essência dos processos pedagógico-didáticos. Do lado comunicacional, já havia a ideia de uma comunicação integrada, bastante afinada com os discursos da publicidade e as práticas do marketing. Do lado educacional, a racionalidade técnica se propunha a substituir as noções da educação idealista e do "magistério como sacerdócio", reforçando a ideia de profissionalização do ensino avaliada pela perspectiva da mensuração de resultados embasados em indicadores numéricos. É preciso que se entenda que os adjetivos atribuídos aqui a uma corrente ou outra não visam, necessariamente, a uma crítica destrutiva, ainda mais em se tratando de movimentos históricos que já vêm sendo transformados pela própria sucessão tecnológica.

Diante do quadro atual, podemos afirmar que a gestão ainda é uma palavra de ordem. Se no início dos anos 2000 a expressão se identificava, sobretudo, com uma visão "tecnocêntrica" das relações humanas, hoje prevalece a concepção de um conjunto de competências que não invoca apenas uma racionalidade abstrata, mas sim uma preocupação legítima com o protagonismo e o bem-estar dos agentes em projetos educativos. Esse olhar renovado sobre a gestão implica uma organização diferenciada do que, na origem, partiria de um processo centralizador e hierárquico – não condizente com a educomunicação –, transformando-a numa dinâmica participatória e aberta, passível de reenquadramentos e mudanças negociadas entre educadores e educandos. Não seria errado se referir à nova dinâmica como uma "gestão de ecossistema comunicacional".

Para materializar as boas intenções em práticas democráticas, torna-se necessário investir na formação do gestor e esta é uma tarefa cada vez mais desafiadora, dada a escassez de profissionais na educação (principalmente nas escolas públicas). Todos que já compartilharam da rotina de trabalho numa unidade escolar já devem ter se deparado com o dilema de propor aos gestores e professores que participem de cursos e, simultaneamente, deem conta de uma lista cada vez maior de obrigações pedagógicas e funcionais.

Em meio esse cenário turbulento, a única recomendação razoável que poderia oferecer seria a de priorizar, nos períodos reservados para o planejamento letivo, os tópicos de organização de tempos e espaços escolares, lembrando sempre ainda da necessidade de se "prever os imprevistos". Já aos gestores situados em níveis mais altos da hierarquia (diretores regionais, chefes de programas, secretários e subsecretários), observa-se que seria razoável investir em ferramentas de apoio à gestão que pudessem reduzir as tarefas administrativas (controle de frequência, registro de atividades lançamento), desde que fossem previamente submetidas à análise vivencial dos educadores e discentes.

Para finalizar este item, destaca-se a competência esperada do educomunicador em relação à visão geral do conjunto de ações que devem ser desenvolvidas no âmbito de uma intervenção pedagógica. O contrário do que muitos possam imaginar, não há uma exigência de que esses profissionais dominem todos os aspectos da teoria e da prática comunicacional. Por outro lado, eles necessitam de uma leitura holística e integrada sobre *por que* se justifica a intervenção, *o que* ela pretende alcançar e *como* garantir que ela chegue aos resultados esperados.

Epistemologia da relação comunicação/educação

Esta vertente pode ser considerada uma meta-interface já que se trata do "estudo sobre o estudo" da educomunicação. Em princípio, ela surge da constatação de que muitos dos pesquisadores e ativistas que contribuíram para a pesquisa fundante dedicaram um tempo considerável para refletir e consolidar vários pressupostos da educomunicação cuja validade permanece atual até hoje.

O texto publicado na revista *Contato* (Soares, 1999: 28) menciona que a área corresponde a "conjunto dos estudos sobre a natureza do próprio fenômeno constituído pela inter-relação em apreço", um enunciado que pode soar ao leitor desavisado como um tanto recursivo. Explique-se: embora seja identificada como uma ação social objetiva, o fenômeno da comunicação muitas vezes passa despercebido em sua capacidade de afetar o conteúdo das mensagens.

Educomunição

Ao longo de sua história relativamente recente, a Ciência da Comunicação viu seu objeto de estudo se transformar profundamente: na virada do século XIX para o XX, os avanços tecnológicos que moldaram a primeira era da comunicação social eram identificados com o próprio fenômeno. Imaginar hoje um cientista tentando compreender um processo complexo e dinâmico a partir do funcionamento de um dispositivo construído para facilitar a transmissão de informações parece algo metodologicamente muito frágil – mas esta compreensão não se fez num rompante.

Ainda na primeira metade do século passado, o grande interesse que mobilizou os estudos comunicacionais foi a possibilidade de empregar o poder das mensagens como uma arma de guerra. Não é à toa que uma das primeiras teorias para entender a comunicação – chamada de "hipodérmica" – ganhou o apelido de "teoria da bala mágica" – representando a mensagem como um único projétil que, disparado contra o "inimigo", atingiria simultaneamente (e certeiramente) todos os soldados do seu exército. Na época, a capacidade de convencimento da propaganda, não apenas traduzida em palavras, mas também reforçada por camadas de imagens e sons, era considerada irresistível. Aos poucos, essa estratégia utilitária foi sendo refinada, mas não sem a realização de um número incomensurável de testes quantitativos buscando avaliar o quão intenso deveria ser o bombardeio informativo para alcançar os objetivos desejados.

Essa foi a origem dos chamados "estudos de audiência", logo convertidos em estudos da recepção, os quais foram se sofisticando para levar em conta não apenas o teor informacional da comunicação, mas também a expressão emocional que pudesse ser a ele agregada. Na verdade, essa perspectiva de relevar menos *o que* se diz do que *a maneira como* se diz acabou servindo como diretriz para a publicidade contemporânea, que substituiu a argumentação retórica pelo hiperestímulo emocional nas campanhas. No turno seguinte das mudanças no campo, o axioma "O meio é a mensagem", que celebrizou McLuhan – o comunicólogo canadense que cunhou a expressão "aldeia global" em sua obra *Os meios de comunicação como extensões de homem* traduziu uma nova perspectiva dos estudos comunicacionais que passaram a se ocupar mais dos meios que das mensagens. A obra desse estudioso também emplacou a terminologia *mídia*. evidenciando o quanto a

82

Vertentes e interfaces sociais

expressão "meios de massa" se esvaziara de sentido após o ocaso do funcionalismo estruturalista. Referi-me aqui, de forma bastante simplificadora, à tentativa de entender a comunicação reduzindo-a a um modelo esquemático traduzido pelo encadeamento Emissor>Mensagem>Canal>Receptor. Justiça seja feita, esse modelo matemático ou cibernético foi criado para explicar o funcionamento do telégrafo, e não todas as modalidades de comunicação.

O que se pode afirmar após essa recapitulação apressada e superficial de uma fração das teorias da comunicação é o fato de que a educomunicação se beneficiou do acúmulo de todas essas discussões para gestar uma abordagem pedagógica interdisciplinar e interdiscursiva, sem o mínimo interesse em se apoiar numa cientificidade neutra ou, tampouco, perseguir uma modernidade tecnológica que nunca será alcançada. Ao contrário, o compromisso educomunicativo é, antes de tudo, político em seu sentido mais amplo. Por esse viés, ela se apresenta como uma abordagem transformadora e, num mundo e num país marcado por contradições e injustiças, a ideia de transformação é muito mais razoável do que lutar para manter as coisas como estão.

Expressão comunicativa por meio da arte

Esta interface social pode ser considerada uma das primeiras evidências da permeabilidade que a educomunicação apresenta em relação às contribuições de vários campos de conhecimento e de como ela acaba contribuindo para uma construção verdadeiramente coletiva e colaborativa do campo. De todas as interfaces exploradas até aqui, essa é a única que não emergiu diretamente como um resultado da pesquisa fundante. Na verdade, o papel de Angela Schaun, grande personalidade por trás do reconhecimento da arte como uma instância seminal do educomverso, deve ser aqui reiterado. Ela defendeu sua tese de doutorado enfocando as práticas educacionais alternativas desenvolvidas em organizações sociais de Salvador por meio do trabalho de grupos de percussão com adolescentes e crianças (ver Figura 5).

De certa forma, essa vertente foi pouco explorada desde sua proposição – e aqui vai o esboço de um *mea culpa*, já que ingressei na USP logo após ter defendido um mestrado na área de artes no Instituto de Artes (IA) da

Unesp (SP). Essa afirmação é válida até, pelo menos, o ano de 2016, quando o jovem pesquisador Maurício da Silva defendeu sua dissertação de mestrado (Silva, 2016) resgatando um pensamento da arte-educadora Ana Mae Barbosa, a qual enunciava *ipsis literis* que "Muito lucrariam os dois Grupos, os Arte/Educadores e os Educomunicadores se trabalhassem e pesquisassem em conjunto". A fala provém de um artigo apresentado pela pesquisadora no congresso da Associação Nacional de Pesquisadores em Artes Plásticas (Anpap) em 2004 e a ideia que ela traduz parece ter sido decisiva na carreira acadêmica de Silva, que retomou e aprofundou seus desenvolvimentos na tese de doutorado (Silva, 2021).

Figura 5 – *Práticas educomunicativas*, de Angela Schaun

Para situar o leitor dentro dessa discussão é necessário apresentar sucintamente a arte-educadora Ana Mae Barbosa, a arte-educação e sua proposta de abordagem triangular, a qual basicamente estruturou essa "trans-área" de práxis. A arte-educação tal como é conhecida veio a ser gestada ao longo dos anos 1980 com base nas vivências pedagógicas de Barbosa com o ensino de arte na educação infantil no contexto do Movimento Escolinha de Artes. Nascida no Rio de Janeiro e emigrada para o Recife ainda criança, a educadora foi aluna de Paulo Freire e de Noemia Varela – professora de artes recifense considerada a "mãe da arte-educação". Essa confluência de ideias envolvendo a arte como uma interface poderosa na experimentação e entendimento do mundo e como um direito compartilhado por todas as pessoas foi sistematizada por Ana Mae como uma abordagem didática distribuída em três momentos distintos: a abordagem triangular.

Denominada em algumas obras como "metodologia triangular" – terminologia que a autora fez questão de corrigir, anos mais tarde –, essa abordagem epistemológica se identifica pela divisão em três momentos (ou eixos) distintos que levam ao conhecimento da arte: 1) o ler; 2) o fazer; e 3) o contextualizar. Também é possível entender esses momentos como os tempos de sensibilização, a vivência de criação e a reflexão compreensiva do processo-produto que resulta da criação. O enquadramento desses momentos como "eixos" abre a possibilidade de não se prender a uma sequência fixa, ou seja, os momentos não precisam seguir sempre na mesma ordem.

Não por acaso, a práxis arte-educadora dialoga com a práxis educomunicativa e esta premissa orientou o trabalho de Maurício da Silva alinhando essa vertente específica da EC com as descobertas e conquistas antecipadas há mais de uma década pelo movimento da arte-educação. Um paralelo evidente que se coloca entre ambas as abordagens reside na mudança de postura propalada numa intencionalidade educativa compartilhada a qual busca democratizar o acesso de todos à arte e, também, à mídia, numa espécie de insurgência pacífica contra as barreiras sociais e econômicas que são interpostas entre a cultura e seu público. Também existe um elemento forte de convergência entre arte e mídia que se evidenciou bastante com a apropriação que os artistas já vinham fazendo dos recursos de produção audiovisual desde que foram inventados e, com mais vigor ainda, depois da popularização das tecnologias digitais. Essa aproximação foi objeto de um artigo denominado "Arte-educação, educomunicação e artemídia: diálogos na fronteira entre o digital e o sensorial" disponível para acesso aberto na web.

O que dizem os educomunicadores?
(Sobre a multiplicidade das vertentes em educom)

"Eu, Antonia Alves, sou educomunicadora. Assim me identifico desde a passagem dos anos 1999-2000, quando tive contato com a pesquisa seminal do NCE-USP. Para mim, a educomunicação é um paradigma que marca a sociocultura de pessoas, processos e perspectivas. Isso porque, mesmo tendo uma tendência verticalista, a pessoa pode transformar suas práticas por meio do diálogo, da interlocução dos sujeitos participantes e do respeito aos espaços interculturais. Enfim, a educomunicação é uma oportunidade de vivenciar estratégias comunicacionais para melhorar a ambiência dos espaços de convivência dos sujeitos. Minha atuação educomunicativa, que começou na educação salesiana, se fortaleceu no ensino de jornalismo e hoje encontra-se em expansão para a educação indígena numa articulação com os cursos de jornalismo e de licenciaturas interculturais."

(Antonia Alves Pereira, professora assistente da Universidade do Estado de Mato Grosso – Unemat)

"Educomunicação para mim é uma nova maneira de trabalhar projetos participativos em saúde. Eu sempre trabalhei com comunicação e saúde, e a educomunicação veio me ensinar como se construir colaborativamente os processos comunicativos em saúde de maneira ainda mais dialógica e inclusiva."

(Aline Guio Cavaca, pesquisadora do Núcleo de Educação e Humanidades em Saúde da Fiocruz–Brasília)

Novas demandas, novos aportes

> Este capítulo agrega à discussão anterior em torno das categorias educomunicativas as novas vertentes que foram incorporadas depois da pesquisa fundante.

SERÁ QUE JÁ ENTENDEMOS O QUE É EDUCOM?

Por que afirmar a necessidade de encaminhar a apresentação da educom, desde suas origens até seus aspectos ontológicos e taxonômicos, ou seja, das nomenclaturas –, cuja discussão parece estar sempre em curso sem nunca permitir que se vislumbre sua conclusão?

Em primeiro lugar, porque vários autores têm repetido em suas obras que a educomunicação é um campo em permanente construção.

Também, em segundo lugar, continuarei a sustentar que a essência da educomunicação é o diálogo, então, discutir seus conceitos pode ser uma forma de incluir o público interessado nesse diálogo.

87

Por fim, é importante chamar a atenção para a abordagem propositiva por entendê-la como necessária, dado que o ritmo de surgimento de novas demandas e de agudização de outras já existentes também requisita novas discussões e eventuais aportes que ajudem a mitigá-las.

Sobre a configuração "clássica" de vertentes/interfaces sociais que foi abordada no capítulo anterior, esta exerceu uma influência profunda na produção acadêmica e literária relacionada à EC nas últimas duas décadas.

O viés predominantemente teórico dessa produção (dada a grande contribuição do meio acadêmico sobre o tema) parece, às vezes, eclipsar os aspectos praxísticos que emergiram de intervenções decisivas dos educomunicadores no âmbito das políticas públicas, as quais definiram importantes direcionamentos nas áreas de educação ambiental, regulação e produção de mídias educativas, defesa dos direitos humanos e diversidade racial e sexual.

Em 2017, quando houve a publicação de um número imenso de contribuições (104 artigos) oriundos do VII Encontro Brasileiro de Educomunicação/ V Global MIL Week, da Unesco, ocorrido em novembro de 2016, Ismar Soares ofereceu uma introdução ao volume em seu plano de leitura e pesquisa. Nela, o estudioso retoma o histórico das vertentes – cuja discussão está no cerne daquele e-book – pontuando que:

> Posteriormente, agregou-se uma 6ª área: a "pedagogia da comunicação", voltada para o agir comunicacional dialógico e participativo, no espaço da didática e das práticas de ensino. Esta área foi pesquisada por Luci Ferraz, ao estudar práticas pedagógico-educomunicativas no âmbito da informática educativa, junto à rede municipal de ensino de São Paulo. Finalmente, acolheu-se a área da "Produção Midiática", implementada no âmbito de atuação dos meios de comunicação (7ª área). (Soares, Viana e Xavier, 2017: 15)

Neste ponto exato, o autor apresenta a discrepância entre o que seria uma área consolidada e o que seria um espaço de aplicação, dando o tom para eventuais reenquadramentos epistemológicos para o campo. De minha parte, considero pertinente agregar uma explanação sobre as áreas de intervenção mais recentes e conectá-las diretamente aos desafios diários da atuação dos educomunicadores junto à sociedade. Esse aporte terá espaço na subseção denominada "O nome das coisas: revisitando a taxonomia educom".

Pedagogia da comunicação

Essa vertente, adicionada tardiamente ao rol das interfaces sociais da educom, se direciona para as práticas comunicacionais incluídas no currículo – no âmbito da educação formal – e do desenvolvimento das mesmas competências e habilidades, agora no âmbito da educação não formal – que acontece nos espaços educativos não escolares. O que conecta os dois ambientes nessa mesma vertente é a centralidade da comunicação nos processos educativos, ou seja, a própria essência da educom.

O fato de a EC ter sido gestada e seu instrumental de recursos e estratégias desenvolvido no chamado terceiro setor poderia ser um obstáculo para sua admissão no universo escolar, cuja idiossincrasia sempre foi bastante fechada em rituais como as aulas e intervalos anunciados por um sinal estridente e hierarquias definidas por níveis de poder – o bedel domina o corredor, o professor, a sala de aula, o diretor, a escola, e por aí vai. Obviamente isso faz referência ao modelo mais tradicional de escola, dentro do qual a abordagem educomunicativa dificilmente encontraria receptividade.

Entretanto, foi justamente o esgotamento desse modelo tradicional e de suas perspectivas limitadas que abriu espaço para que as propostas de projetos de educom prosperassem na forma de programas históricos (alguns dos quais descritos no "Epílogo: os projetos, os conceitos"). Esse esgotamento a que são referidos não se deve, em princípio, à falta de recursos, qualificação profissional, questões curriculares ou organização estrutural das escolas: o modelo se tornou disfuncional por questões relacionais que afetam (e são diretamente afetadas) pela comunicação entre os atores do processo pedagógico.

Aqui cabem algumas delimitações: os problemas mencionados no parágrafo anterior que *não estão* diretamente relacionados às dinâmicas comunicacionais são concretos e significativos, e, por isso mesmo, sempre estiveram na pauta dos gestores da educação. Por outro lado, garantir a qualidade da comunicação exercida nos ecossistemas escolares, como regra, aparentemente nunca foi considerada uma prioridade das escolas.

Essa afirmação pode ser sustentada quando é constatado o número elevado dos episódios de violência nas escolas, sendo estes de natureza, gravidade e perfil variado das vítimas (estudantes, professores, gestores, funcionários e outros).

Educomunição

A maneira tradicional de se lidar com a violência escolar, em geral, adota uma abordagem disciplinar e repressora que estabelece sanções como advertência, suspensão e expulsão, isto é, graus crescentes de exclusão da comunidade escolar.

Por seu turno, a educomunicação almeja abordar a complexa problemática do ecossistema comunicativo escolar pelo viés das relações comunicacionais, em princípio, promovendo o diálogo – ou, como preferem alguns autores, a *dialogicidade* – e, por conta da especificidade do contexto do Projeto Educom.rádio (ver seção "Projetos marcantes" no epílogo), e a cultura da paz. Esta última construção filosófica é alimentada por muitos autores de diversos campos do conhecimento. Muitas dessas ideias convergem nos postulados que a Unesco promove relacionados com os Objetivos do Desenvolvimento Sustentável (ODS) 16 e 4.

Entretanto, a pedagogia da comunicação não está circunscrita ao âmbito da educação formal, ainda mais considerando que as práticas educomunicativas têm suas origens históricas profundamente enraizadas na educação não formal (tema que será abordado mais adiante). Inclusive, apesar das imbricações entre a educom, as políticas públicas e o lócus escolar, as organizações da sociedade civil, cuja gestão é mais pulverizada e não depende exclusivamente do Estado, continuaram utilizando e aprimorando a abordagem educomunicativa, mesmo onde e quando essa nomenclatura não é utilizada.

Do ponto de vista prático, além de uma regulação menor por parte do governo, pode-se considerar que o trabalho de pedagogia da comunicação desenvolvido por organizações sem fins lucrativos continua sendo decisivo enquanto espaço institucional. Da mesma forma que as antigas ONGs surgiram para apoiar a sociedade no atendimento às demandas públicas com prerrogativas virtuosas, tais como maior autonomia, capilaridade, agilidade e especialização, espera-se que elas continuem sempre requisitando a expertise da EC sem alimentar a expectativa de substituir o papel do Estado.

Produção midiática para a educação

A discussão sobre a importância da produção midiática na educom pode ter como ponto de partida a análise contextualizada sobre os conceitos de "produção" e de "mídia" que se combinam no enunciado dessa vertente.

90

Embora o conceito de produção pareça indissociável da lógica do capitalismo industrial, a qual por isso mesmo foi objeto de estudo exaustivo por parte de Marx e seus continuadores, também é possível interpretá-lo como uma modalidade de criação intelectual (por vezes, artística), além de um canal de divulgação e democratização do conhecimento. Essa visão otimista não é estranha à educom, uma vez que o apego dessa linha de pensamento à educação crítica não implica o cancelamento da mídia, mas sim em sua apropriação como um instrumento necessário.

Já o conceito de mídia vem se transformando substancialmente ao longo do tempo, deixando de ser sinônimo de "meios de comunicação" (a imprensa, a rádio, a TV) – como fora até meados do século XX – e de se confundir com os suportes da informação (o livro, o filme, o disco).

Na sua acepção mais recente e ainda válida, mídia se tornou um ambiente dentro do qual a sociedade vive e interage, e essa visão sustenta as diferentes menções de espaços virtuais como midiasfera, infosfera, blogosfera, os quais descrevem diferentes recortes de nosso ecossistema comunicacional (termo proposto, aliás, por Martín-Barbero).

Vale a pena agregar aqui o conceito de ecossistema comunicativo, que Soares elabora como "um projeto educativo que tem como meta a qualidade dos relacionamentos, associada à busca por resultados mensuráveis, estabelecidos a partir de uma proposta comunicativa negociada no âmbito da comunidade educativa" (2011: 45). Para além do que deveria ser inicialmente uma analogia do conceito biológico de ecossistema, por sua vez, baseado na teoria geral dos sistemas de Bertalanffy, concepção elaborada pelo biólogo austríaco em 1968, a EC avançou em direção a um modelo sofisticado de teia de relações o qual pode ser aplicado como um mapa referencial para mediações.

No senso comum, ainda arraigado em concepções do século XX, a mídia equivale ao conjunto dos meios de comunicação, o que elucida muito pouco a respeito do seu funcionamento e topologia. Ainda assim, é comum, mesmo entre os educadores – e entre os cientistas da comunicação – o emprego deste termo *lato sensu*. E como isso impacta a atuação dos educomunicadores?

Em primeiro lugar, como um exemplo, levando em conta que existem modelos para serem seguidos e outros para serem evitados, embora essa escolha pressuponha, intrinsecamente, a apropriação crítica do modelo em

Educomunição

questão. Um exemplo prático: a produção de notícias e seu ramo de atividade – o jornalismo – já vem sendo exercida há muitos anos e conta hoje com um arcabouço de técnicas e diretrizes altamente consolidado.

Quando a imprensa é referida como "mídia", automaticamente busca-se atender a uma expectativa por uma informação completa, que responda às famosas seis perguntas (o que, por que, quem, quando, onde e como) e que também seja importante, atual e verdadeira (fiável, previamente checada). Essa descrição breve resume, portanto, o que é o modelo de mídia jornalística, não por acaso aquele que serve de padrão para projetos de intervenção educomunicativa na linha da Imprensa Jovem, um projeto da Secretaria Municipal de Educação de São Paulo (SME-SP) que se baseia na organização de grupos de estudantes que atuam como "repórteres-mirins" com a mediação de um professor e orientados pelos pressupostos da educomunicação.

A ideia de uma agência de notícias na escola é uma construção flexível e ao mesmo tempo bem delineada o suficiente para se tornar viável na maioria dos contextos educacionais, com exceção dos anos iniciais da educação infantil. Mesmo não sendo uma ideia nova – como já foi visto em Freinet, mencionado anteriormente –, pode-se dizer que ela envelheceu muito bem, adaptando-se, inclusive, ao contexto pós-internet. Uma vez compreendido e sendo devidamente apropriado pelos componentes da comunidade escolar, o modelo se torna significativo enquanto foro para discussão de acontecimentos, resgate de fatos históricos, leitura crítica de discursos e narrativas e como um elemento de reforço atitudinal visando uma participação maior e mais democrática dos estudantes em sua aprendizagem.

Um detalhe importante é que esse modelo de produção midiática não almeja substituir o jornalismo profissional e nem direcionar a escolha de alunos e alunas para essa modalidade de trabalho. Além disso, a prática vivencial da leitura crítica da mídia, nesses moldes, não se volta para deslegitimar a imprensa "de verdade", e sim para ressaltar sua importância e a urgência em compreendê-la como uma instância educadora (informal) com a qual a instituição escola deve dialogar.

Esse exemplo de abordagem educomunicativa pode ser estendido a todas as outras modalidades de produção midiática, como já vêm sendo aplicado ao audiovisual, às histórias em quadrinhos, a jogos digitais (*games*) e tudo

Novas demandas, novos aportes

mais que se relacione com o universo de interesses dos jovens. Por fim, é ressaltado o caráter praxístico dessa estratégia pedagógica, o que a insere no cabedal de recursos ao qual habitualmente são chamadas de metodologias ativas. Voltando à questão dos ecossistemas, trataremos do conceito de *socioambiental*.

Educomunicação socioambiental

Sempre é bom lembrar do filósofo Hans Jonas, um dos autores mais influentes sobre o que viria ser a bioética e que em seu *O princípio responsabilidade* nos diz que:

> Ao menos deixou de ser absurdo indagar se a condição da natureza extra-humana, a biosfera no todo em suas partes, hoje subjugadas ao nosso poder, exatamente por isso não se tornaram um bem a nós confiados, capaz de nos impor algo como uma exigência moral – não somente por nossa própria causa, mas também em sua causa própria e por seu próprio direito. (2006: 15)

Vale ressaltar que a bioética não é uma ciência, no sentido estrito, mas uma área de estudos interdisciplinar centrada nas relações entre a Biologia e a Ética (daí o nome). O leque de interesses da bioética é amplo e voltado para temas sensíveis, tais como os limites para experiências médias e científicas envolvendo seres vivos, a admissibilidade da eutanásia e a garantia de direitos para os animais não humanos.

Voltando à discussão central desta obra, a legitimação do fazer educomunicativo aconteceu a partir do V Fórum Brasileiro de Educação Ambiental, realizado em 2004, que foi um marco na criação de redes de colaboração, como a Rede Nordestina de Educação Ambiental e a Rede de Educomunicação Socioambiental. Paralelamente, a I Oficina de Comunicação e Educação Ambiental em Brasília ressaltou a importância da comunicação participativa na disseminação de conhecimentos ambientais.

Esses eventos foram fundamentais para o surgimento do Programa de Educomunicação Socioambiental, publicado em 2005, o qual se tornou parte integrante das políticas ambientais sob a égide do Ministério do Meio

Ambiente. O documento base de 2008 reiterou e fortaleceu os princípios da educomunicação, destacando ainda seu viés pedagógico e a necessidade de envolvimento comunitário.

Já mencionamos brevemente, nas páginas anteriores, a constituição de uma abordagem socioambiental para a EC. Então, o foco agora está em tratar de suas contribuições potenciais em um determinado contexto histórico – o da atualidade –, permeado por questões crônicas não resolvidas que se agravaram ainda mais por uma crise climática global cujo reconhecimento e manejo o negacionismo postergou até, talvez, um ponto de não retorno.

Ainda sobre a educomunicação possível

As discussões inconclusivas situadas há décadas sobre a propriedade de se tratar a educomunicação como um campo do conhecimento e, mais recentemente, como paradigma, estão sendo substituídas por um enquadramento epistemológico mais abrangente: o da educomunicação possível. Já me referi a ela de forma breve, mas será interessante retomar o tema.

Uma das primeiras menções a essa terminologia aparece em Soares (2016) que aponta (não com essas palavras) a presença "invisível, mas palpável" da comunicação no que viria a ser a BNCC. O Plano Nacional da Educação, aberto para consulta pública em 2015, recebeu diversas contribuições que foram (ou não) aproveitadas pelo Ministério da Educação/Secretaria da Educação Básica (MEC/SEB). Ao final, pode-se dizer que a EC aparece como uma espécie de "matéria escura" (numa analogia cosmológica bastante livre), isto é, detectável, mas não identificável.

Soares menciona, entre outros argumentos, um rol de objetivos que inclui

> [...] o desenvolvimento de múltiplas linguagens como recursos próprios; o uso criativo e crítico dos recursos de informação e comunicação; a vivência da cultura como realização prazerosa; a percepção e o encantamento com as ciências como permanente convite à dúvida; a compreensão da democracia, da justiça e da equidade como resultados de contínuo envolvimento e participação. (2016: 17)

De fato, nesse trecho citado podemos encontrar muita identidade conceitual com a abordagem educomunicativa. Por outro lado, as diretrizes pedagógicas mais recentes, muitas delas antecipadas nos Parâmetros Curriculares Nacionais (PCNs) publicados no final dos anos 1990, e que também, com maiores ou menores alterações, chegaram até a versão atual da Base Nacional Comum Curricular. Isso demonstra que parte dos objetivos enunciados seriam fruto de uma convergência de novas abordagens pedagógicas não necessariamente tributárias à educom.

O tema da EC possível é retomado por Viana, que oferece um aprofundamento daquela leitura inicial, considerando que ela seja identificada com

> [...] práticas educomunicativas que acontecem na fresta, na brecha do sistema em crise, que resulta do atrito entre velhas práticas e estruturas organizacionais, e as novas realidades cotidianas e seus desdobramentos, como é o que vem ocorrendo nos campos da comunicação e da educação existentes, e que desafiam todos a lidarem com o novo a partir da herança cultural que temos e no contexto social em que vivemos, manifestados em hábitos, concepções e valores. (2017: 926)

Nessa conjuntura, fica evidente que a educomunicação possível é aquela que se consegue alcançar, ainda que parcialmente, no bojo de uma intervenção ou projeto educomunicativos, mesmo que nem todos os elementos que a caracterizam sejam plenamente identificados. Disso assume-se que o duplo enquadramento epistemológico da educomunicação possível ajuda a entender tanto seu potencial de emprego onde ela não aparece identificada quanto sua efetividade relativa condicionada ao contexto em que ela é instada a intervir.

No primeiro caso, o olhar educomunicativo se encarrega de conectar as demandas evidenciadas com a abordagem e os recursos disponíveis, enquanto no segundo se requisita uma flexibilidade e um desapego de planejamentos prévios por vezes meticulosamente desenhados. De certa forma, essa mudança de olhar parece dizer que se, nas origens, a educom buscava exemplos exteriores para construir sua própria sistematização de práxis, na atualidade, a ênfase está em conectar-se à sociedade em intervenções, ainda que estas não sigam o roteiro preestabelecido.

O que dizem os educomunicadores? (Sobre entender o que é a educom)

"A interface entre a educação e a comunicação é o 'local' onde estou posicionada para investigar e atuar sobre as questões da escola. 'Local' este que me instiga a pensar e propor, em conjunto com outros(as) agentes, saídas para as tradicionais questões do ambiente formal de educação a partir das lentes apresentadas pela educomunicação."

(*Tatiana Garcia Luz de Carvalho, mestra em Ciência da Comunicação, professora, educomunicadora e jornalista*)

"Educomunicação, para mim, é uma intenção dialógica, que se concretiza por meio de estratégias que oportunizam a interlocução entre as pessoas, fazendo-as exercer sua liberdade de expressão responsável e seu direto à comunicação, o que inclui apropriar-se de mídias e plataformas diversas para a autoexpressão. Eu me identifico como educomunicador justamente por esse princípio, por acreditar na importância de todas as pessoas que integram um processo democrático de se colocarem como sujeitos, tomando para si sua própria palavra e, dessa forma, fortalecendo seus vínculos com elas mesmas, com sua cultura, com seu território. Creio que isso não está apenas no âmbito da minha crença, mas procuro fomentar isso em minhas práticas cotidianas, sobretudo profissionais, no campo da educação."

(*Bruno Ferreira, formador do Núcleo de Educomunicação da SME-SP e assessor do Programa EducaMídia*)

Qual é o lugar da educom?

> Este capítulo é dedicado a apresentar e discorrer
> sobre as tendências mais recentes e duradouras
> que vêm se afirmando no âmbito da atuação dos educomunicadores.

EDUCOM E POLÍTICAS PÚBLICAS:
UM CASAMENTO FELIZ?

Agora que já cumpri meu périplo explicativo sobre as diferentes tendências registradas quanto às áreas de intervenção da educomunicação, o que talvez tenha faltado é uma contextualização dessas vertentes no que toca aos setores de trabalho ou, segundo alguns, setores de atividade econômica.

Sei que existem colegas refratários à adoção das categorias "primeiro", "segundo" e "terceiro" setores da economia, até porque as atribuições que diferenciavam uns dos outros vêm mudando substancialmente e, a rigor, nem se aplicam exatamente ao cenário dos dias atuais.

Educomunição

Por exemplo, há alguns anos (ao menos no Brasil), o Estado desempenhava um papel de protagonista das chamadas políticas públicas (PPs) e não somente na regulação delas, mas na efetiva execução das ações que materializavam as PPs. Naqueles tempos, ainda que houvesse a abertura para o capital privado atuar em serviços básicos (tais como transportes, coleta de lixo e geração de energia), a participação e o controle do Estado eram muito maiores. Deixo uma dica para você, leitor e leitora, ler o verbete "Terceiro Setor" no "Vocabulário básico da educomunicação" no fim deste livro.

O que acontece é que nas últimas décadas muitas das ações executadas diretamente pelo Estado foram reduzidas, transferidas para outros agentes sociais ou mesmo suprimidas, modificando profundamente o perfil do primeiro setor. A redução do papel estatal pode ser constatada na proliferação de empresas de capital misto, isto é, com investimentos em parte bancados pelo Estado e, por outra, aportados por empresas (setor privado = segundo setor). O arranjo se complica um pouco mais no caso de fundações de direito privado de caráter beneficente ou filantrópico. Dada a sua finalidade não lucrativa, são caracterizadas como OSCs ou organizações sem fins lucrativos (termo que se tornou mais usual e preciso que "ONGs"), o que leva ao seguinte quadro: uma demanda social pode ser atendida por uma instância do terceiro setor mantida por uma empesa e subsidiada pelo governo.

Esse embaralhamento de funções institucionais é característico do capitalismo tardio e, pelo olhar otimista (copo meio cheio), aponta para a profissionalização do trabalho social. No contraponto, é difícil não enxergar o esvaziamento do Estado enquanto garantidor dos direitos básicos constitucionalmente previstos. A nova realidade não foi construída de um dia para o outro, de modo que é possível reconstruir uma linha de tempo que, *grosso modo*, desvela as tendências que convergiram no panorama contemporâneo.

Assim, pode-se identificar, por exemplo, no setor cultural uma etapa de investimentos diretos em equipamentos e contratação de serviços, que corresponde à segunda metade dos anos 1990 até meados dos anos 2000. Nos anos seguintes, foi presenciado o direcionamento de responsabilidades e verbas para atividades culturais alcançar associações civis, fundações e autarquias que passaram a cumprir tarefas que eram, originalmente, prerrogativa da administração direta. A justificativa principal da mudança passa quase sempre pela noção de que a competência do Estado na gestão dos serviços é sempre menor do que aquela realizada pelas empresas ou aplicadas às OSCs, que seguem os moldes corporativos. Essa linha de raciocínio é, no mínimo, questionável, haja vista que sempre houve excelentes exemplos de gestão cultural no setor público, assim como iniciativas fracassadas conduzidas ou patrocinadas por empresas.

No campo da comunicação social, também é possível contrapor empresas públicas – a BBC de Londres, que é uma empresa pública financiada por uma taxa de assinatura dos usuários, talvez seja o exemplo mais reconhecido – às dezenas de emissoras comerciais cujos parâmetros de qualidade são reconhecidamente deficitários. Traduzindo: uma produtora/veiculadora de conteúdos pública (no sentido estrito) pode investir em qualidade da programação por não ter o compromisso único de garantir a rentabilidade de seus acionistas. Por outro lado, a necessidade de gerar e a distribuir lucro, quase sempre advindo de receitas publicitárias, pode estimular a produção e veiculação de conteúdo de qualidade bastante questionável, como se pode observar em várias TVs abertas que justificam escolhas ruins de programação com base nos princípios de "a vida como ela é" e "aquilo que o povo quer ver".

É preciso que o leitor entenda que essas críticas não são endereçadas a um perfil de gestor específico – público ou privado –, mas sim a uma abordagem, mais ou menos preocupada com o atendimento de demandas sociais, entre as quais incluem-se a qualidade da informação e seu potencial educativo. Aqui, não se defende que o Estado ou as empresas sejam inerentemente competentes e comprometidos com a comunicação social, apenas que as demandas sociais sejam contempladas, seja pela administração direta, seja pela viabilidade econômica das propostas.

Na educação, a complexidade também é grande, mas a ideia de que a pedagogia é uma atividade inerentemente abnegada traduzida pela expressão "magistério é sacerdócio" por vezes ressurge para justificar uma ou outra abordagem. Sem entrar no detalhamento de teorias pedagógicas, é possível resumir a problemática atual a dois pontos de vista, ressalvando

Educomunição

que ambos não são excludentes e que, não raro, aparecem mesclados em diversas proporções.

Um ponto de vista, provavelmente alicerçado nos ideais do positivismo – corrente filosófica, sociológica e política cuja premissa básica reside em considerar como único conhecimento legítimo aquele obtido por meio da ciência, renunciando a quaisquer outras convicções oriundas da religião ou da especulação metafísica –, aponta para que se considere a educação como um direito universal inalienável. Este é, por exemplo, o que está expresso no artigo 6º do Capítulo II/ Título II da Constituição Federal do Brasil, que afirma: "São direitos sociais a educação, a saúde, a alimentação, o trabalho, a moradia, o transporte, o lazer, a segurança, a previdência social, a proteção à maternidade e à infância, a assistência aos desamparados, na forma desta Constituição".

Outro ponto de vista, mais próximo de princípios liberais acentuados pelo chamado capitalismo tardio, considera a educação um serviço a ser oferecido e remunerado em função de seu custo. Assim, é natural que um poder aquisitivo maior garanta o acesso a um nível mais elevado de qualidade dimensionada em instalações, equipamentos e uma mão de obra mais qualificada, ou seja, por uma lógica de mercado.

Evidentemente, a EC defende com ênfase o primeiro dos pontos de vista, dado que que muitas de suas convicções se apoiam, como já sabemos, na pedagogia libertária de Paulo Freire. Entretanto, não basta apenas recorrer a princípios ideológicos para a defesa de uma postura educacional em relação à outra. Por esse motivo, colocarei em pauta alguns argumentos que considero mais robustos para justificar a opção preferencial da educom pela visão, digo, "não mercadológica" nas políticas públicas em educação.

Um bom argumento de partida seria o fato de que o grau de instrução se configura como um fator importante de mobilidade social, o que pode ser facilmente constatado pelo cruzamento de dados entre o nível sociocultural e o tempo de escolarização dos estudantes. Logo, está demonstrado que o desenvolvimento humano (e não apenas o econômico) das sociedades se encontra intimamente conectado ao acesso democrático a uma educação de qualidade. A isso se pode somar que, historicamente, a presença decisiva do Estado na promoção desse acesso não pode se limitar apenas ao de uma instância reguladora, visto que o investimento e a gestão diretos tendem a proporcionar resultados mais efetivos.

Também existe outro diferencial muito expressivo a ser considerado: do ponto de vista das atividades econômicas, várias áreas de atuação adotam práticas de "enxugamento" visando aumentar a eficiência pelo balizamento da redução de custos. Assim ocorreu no Brasil com as montadoras de automóveis que substituíram a mão de obra humana por robôs em linhas de produção.

Já o setor de serviços, fazendo um paralelo ao setor bancário, foi igualmente transformado pela informatização do atendimento estimulada pela tecnologia informática. Nos dois casos mencionados, em poucas décadas houve a redução de postos de trabalho e a extinção de muitas profissões, aparentemente, sem uma preocupação mínima com a recolocação dos trabalhadores ou sua requalificação para que se adaptassem a uma nova realidade profissional.

No campo da educação, a aplicação dessa mesma lógica resultaria catastrófica, e a maioria das pessoas que valoriza a educação de qualidade certamente concordaria. Ao longo da história, inclusive, são identificadas tentativas nesse sentido, como a da máquina de ensinar concebida por B. F. Skinner, o psicólogo mais influente do século XX e um dos fundadores do behaviorismo, e o ensino programado, também de orientação behaviorista e baseado em fichas de estudo e que se tentou implantar no meio educacional nos anos 1960. Não é preciso uma grande explanação para entender como essa ideia é reducionista ao equiparar informação a conhecimento e o processo educativo à mera instrução ou transmissão de conteúdo.

O entendimento dos educomunicadores de que a educação é um processo relacional no qual, ao invés de um ensinar o outro, ocorre uma interação entre educando e educador resulta no que chamamos de mediação educomunicativa. Esta se caracteriza pela divisão do protagonismo em que ambos são agentes numa troca e ressignificação permanentes do conhecimento.

DE VOLTA ÀS ORIGENS:
PRÁTICAS EDUCOMUNICATIVAS NO TERCEIRO SETOR

Em algum momento deste texto, pode-se levar, inadvertidamente, à conclusão de que, quando o educomverso se expande da educação não formal para as esferas formal e informal, está ocorrendo algo como um processo evolutivo. Tal constatação é inexata se transmite a ideia de que a educomunicação deixou de ser relevante junto às organizações sem fins lucrativos: pelo contrário.

O que acontece é que a relação entre os chamados setores de atividade econômica é hoje muito mais complexa do que há três ou quatro décadas. A própria classificação de atividades com base no setor de origem do capital financiador pode soar, hoje em dia, como inadequada ou insuficiente para caracterizar a natureza ou finalidade de uma atuação institucional. Mesmo assim, há que se considerar o conceito de cultura corporativa/institucional que se estabeleceu ao longo de várias décadas, definindo uma atitude laboral facilmente identificável.

Tradicionalmente, a cultura do terceiro setor se caracteriza pelo atendimento a demandas sem finalidade lucrativa – o que não significa "economicamente inviável" – e uma ênfase à relevância social das causas abraçadas. Quase sempre, tais características eram comumente associadas ao primeiro setor, isto é, ao Estado, geralmente sob a interpretação enviesada de "investimentos a fundo perdido".

Numa avaliação otimista, a disseminação de uma cultura de responsabilidade social aliada à profissionalização de organizações da sociedade civil garantiu recursos para que a mediação estatal fosse complementada – e por vezes até substituída – pela atividade de fundações, associações e outras entidades de caráter não lucrativo.

Assim, o que ocorre hoje é uma mescla na origem dos recursos e na identidade institucional de quem atende às demandas. Isso não teria sido possível sem a adequação de um marco legal extenso visando regulamentar e, ao mesmo tempo, estimular o investimento público e privado em ações sociais e culturais diversas. O instrumento principal de fomento a tais ações reside na chamada "renúncia fiscal", ou seja, na suspensão de cobrança direta, por parte do Estado, de imposto incidente sobre a atividade-fim de empresas como contrapartida pelos investimentos sociais. Em tese, este mesmo marco legal poderia ser utilizado por patrocinadores de pessoa física, o que, no contexto brasileiro, acontece com menos frequência e gera um montante de recursos mais reduzido.

Diante desse cenário, muitos defendem a premência de tornar as OSCs autossuficientes em matéria de financiamento, o que implicaria sua virtual transformação em entidades prestadoras de serviços (por venda de ingressos e assinaturas) ou em entrepostos para venda de mercadorias (artigos temáticos, produtos orgânicos). Isso equipararia a atuação dessas entidades para a mesma esfera de atuação das corporações do mercado (empresas), implicando, cedo ou tarde, na adoção de práticas comerciais competitivas. Ainda é cedo para dizer se essa tendência vai substituir o modelo ainda vigente de financiamento público ou se novas variáveis serão adicionadas a essa equação.

O que é certo é o fato de que onde houver demandas sociais agudas a serem atendidas no campo da educação e tudo o que ele envolve – cultura, arte, direitos humanos, políticas públicas – haverá também espaço e justificativa para mobilizar o trabalho de educomunicadores.

PROMOÇÃO DA CIDADANIA E DIREITOS HUMANOS

Agora, serão explanados os pressupostos educomunicativos que perpassam uma deontologia (estudo dos códigos de ética) própria e assertiva, associando seus objetivos e fazeres a um conjunto de valores a serem firmemente defendidos. É necessário recordar como as noções de liberdade de informação e expressão se originam da Declaração Universal dos Direitos Humanos, assim como o direito à educação. Dessa forma, muitos educomunicadores já se deram conta de que, no que tange à ética profissional, são sujeitos de duas responsabilidades distintas: a do educador – consubstanciada de maneira tácita com o exercício do magistério – e a do comunicador – normalmente expressa em um conjunto de proposições regulatórias, ou seja, um código de ética escrito e formalizado.

Educomunição

Num mundo ideal, o reconhecimento e o respeito a direitos universais mínimos se manteriam por um consenso amplo e forte por parte de todos que se consideram "humanos". Entretanto, não só para os cidadãos "medianos", mas inclusive para os educadores, as noções de direito e de humanidade estão distantes de serem unânimes. Isso sem falar da cidadania, ideia tão difusa quanto a de democracia, interpretada ao sabor das preferências ideológicas de diferentes interlocutores. As origens etimológicas que irmanam política com cidadania – já que ambas derivam do conceito de cidade – parecem ter sido esquecidas ou ressemantizadas. Uma das missões assumidas pela educomunicação é, justamente, demonstrar que o exercício da cidadania requer o conhecimento dos próprios direitos e a atuação efetiva na política, para garantir que esses também sejam concretizados. Seguindo sua tendência histórica, a EC se voltou, inicialmente, para ações práticas de inclusão cidadã, sistematizando estratégias inclusivas na educação, na mídia e no território onde uma e outra se fazem indistintas.

Num segundo momento, veio a transposição dessas práticas para a formação de educomunicadores dentro e fora da academia. Aqui é necessário apontar que praticamente todas as formações profissionais (incluindo Medicina e Engenharias) ostentam em sua grade curricular ao menos uma disciplina específica de ética (ou de direito, ou ambas). Isso não quer dizer que a consciência cidadã e política seja automaticamente incorporada ao exercício profissional dessas corporações, a despeito de um acompanhamento posterior por parte de conselhos, ordens e outras instâncias reguladoras.

Num terceiro momento, que ainda está em pleno curso, a defesa dos direitos básicos alcançou a esfera dos chamados direitos das minorias. Essa expressão, como já ressaltei há pouco, é controversa, o que me leva a substitui-la por "grupos vulneráveis". Esses seriam trabalhadores de baixa renda, mulheres e pessoas que não compartilham racialmente da branquitude (e de seus privilégios), idosos(as) (alvos do etarismo), homens e mulheres com identidade/orientação de gênero diversa em relação ao seu sexo biológico, o que se reflete na sigla LGBTQIA+ – que significa lésbicas, gays, bissexuais, transexuais, queers, intersexuais e assexuais e o "+" contempla pessoas que não se identificam com nenhuma das orientações denominadas pelas letras. Por fim, ainda se incluem aqui as pessoas com deficiência e os neurodiversos de distintas condições, lembrando que essa é uma discussão bastante efervescida e que há inúmeros documentos que abordam as terminologias adequadas. Como referência, deixarei o texto ao qual me baseei para a escrita, "Terminologia sobre deficiência na era da inclusão" (Sassaki, 2011), com uma lista extensa, mas que tem como denominador comum o estigma social (marginalização) que se relaciona com um histórico de opressão por parte de um grupo hegemônico que durante muito tempo se autodenominou como "pessoas normais".

Concluindo: falei sobre os oprimidos (Freire, 1983) e, nesse caso, a opressão vai além daquela tradicional, definida por classe social (trabalhadores, proletários, camponeses) e nível socioeconômico (pobres e miseráveis), perpassando a dimensão cultural na forma de preconceito e discriminação de fundo étnico-racial, etário, linguístico, de gênero ou orientação sexual ou quaisquer outros.

Em relação à luta pela garantia dos direitos universais e ao combate ao preconceito e discriminação, talvez a mudança mais importante nos últimos anos seja a adoção do conceito de "interseccionalidade". A expressão entrou em voga há algum tempo e se expandiu para além da associação de discriminação de gênero associado à etnia (por exemplo, no feminismo negro), de modo que, hoje em dia, nos deparamos com interseções entre luta de classe trabalhadora e defesa do meio ambiente (*ecossocialismo*) ou defesa dos direitos humanos estendida aos animais (luta contra o *especismo,* que vai além do veganismo/vegetarianismo, movimentos que se justificam por razões éticas e sanitárias, os animais não humanos já contam com sua própria Declaração Universal de Direitos, publicada pela Unicef em 1978). Muitas experiências associando projetos educomunicativos e a temática dos DUDH podem ser conhecidas mediante o acesso à obra *Educomunicação e direitos humanos: caminhos da sociedade midiática pelos direitos humanos* (Lago e Viana, 2015).

O FUTURO JÁ CHEGOU?
EDUCOM VAI PARA O (HIPER)ESPAÇO

Uma pergunta necessária é quase sempre um bom ponto de partida: como a educomunicação vê a EaD?

Para além dos temores enunciados por Kaplún no passado, classificando as incipientes plataformas de educação on-line como uma fonte de *incomunicação* e o relativo ineditismo de projetos EaD concebidos sob o paradigma da educomunicação, é possível sistematizar aspectos que apontam as convergências referidas anteriormente.

Vamos a eles:

1. EaD é, antes de tudo, educação

Os pressupostos de uma ação educacional de largo curso e alcance podem ser considerados os mesmos no contexto presencial da educação e no seu contexto on-line. Muitos autores, especialmente Tori (2005), criticam a manutenção, em pleno século XXI, de uma nomenclatura criada para designar a escola postal, na qual a interação pedagógica se dava por meio de brochuras enviadas pelo correio. A partir do momento em que as linguagens midiáticas do rádio e, bem mais tarde, da TV foram mobilizadas como apoio para atividades didáticas em contexto remoto, foi adicionado algum grau de sofisticação *no modo* como as aulas eram ministradas.

Ainda assim, não se pode dizer que se construiu um novo modelo educacional, visto que essas variantes eletrônicas da educação postal ainda se preocupavam com emular a estrutura escolar oferecendo professores-tutores, salas virtuais, provas, livros e cadernos e todos os equivalentes possíveis que pudessem transmitir ao aluno remoto a sensação de uma escola "real".

A grande "virada de chave" veio, realmente, com a disseminação da internet, mas somente depois de existir uma base instalada significativa (mas sempre insuficiente) de dispositivos computacionais nas escolas e lares. Paradoxalmente, o conceito original de AVA (ambiente virtual de aprendizagem) retoma, com uma camada extra de tecnologia, a emulação da escola, agora em uma embalagem virtual.

106

O que já se pode afirmar com certeza é o fato de que não existem mais razões lógicas para diferenciar o desenho educacional de cursos e atividades didáticas localizadas num espaço físico ou acessadas em ambientes virtuais por meio de dispositivos eletrônicos. Além dos estudiosos sobre o tema, é possível apontar um número enorme de órgãos públicos que regulam, avaliam e chancelam o funcionamento de cursos independentemente de sua natureza presencial ou não presencial. Isso é particularmente verdadeiro quando lidamos com as modalidades educacionais do ensino fundamental, médio e superior.

Compreensivelmente, isso não se aplica à educação infantil e formação especializada em profissões que exigem contato físico entre pessoas ou destreza psicomotora, tal qual na medicina, esportes de alta performance, prática de instrumentos musicais e outros. Neste momento, ainda é cedo para afirmar o que o futuro nos reserva.

2. Qualidade na educação: a busca sem fim

Um discurso onipresente entre os educadores diz respeito à suposta diferença de qualidade entre os processos pedagógicos de presença física daqueles mediados por meio de plataformas digitais. De fato, quando as conexões on-line eram lentas, instáveis e caras, fazia sentido manifestar uma preferência convicta pelo "olho no olho" entre professores e estudantes. Hoje, no entanto, é forçoso que o que chamamos de "qualidade na educação" se tornou um parâmetro flexível, mais associado à relação custo-benefício da mão de obra especializada, dos recursos sofisticados, do tempo reservado para cada educando; do que à dualidade física *vs.* on-line.

Entretanto, na mesma medida em que essa é outra maneira de dizer que existem cursos presenciais de baixa qualidade, cursos on-line de excelência e vice-versa, é claro que existe o risco de enxergar na tecnologia educacional a solução para todos os nossos problemas. Esse erro foi cometido inúmeras vezes no passado e, se aprendemos todos uma lição com ele, é a de que a discussão do que é qualidade educacional deve partir dos educadores e depois envolver os desenvolvedores de solução – e nunca o contrário.

3. Inclusão comunicacional, digital e midiática

Quando é dito que a educomunicação tem um olhar diferenciado sobre a EaD, parto da convicção de que ela também reivindica uma abordagem específica para a educação. Pode-se dizer que tal viés se estenda a três dimensões: 1) a social, 2) a pedagógica e 3) a didática – todas elas pautadas, por princípio, a partir de dinâmicas inclusivas, isto é, voltadas para estimular a participação democrática de todos os interatores do processo pedagógico.

Já insisti bastante, ao longo deste livro, na ideia de que a educomunicação se coloca como uma instância de inclusão nos contextos educacionais. Talvez fosse mais exato dizer que a EC potencializa os processos inclusivos dependentes da comunicação (diálogo, polifonia, horizontalidade dos interlocutores) em ecossistemas educativos que buscam a inclusão. Estendendo o alcance desses ecossistemas para o ciberespaço, ou qualquer outro termo mais atual que se aplique à super-rede informacional global, nos deparamos com a necessidade básica de garantir que a conexão a essa estrutura prodigiosa seja um direito cidadão. Isso dificilmente será efetivado pela mercantilização do espaço virtual, assim como a democratização da escola não foi alcançada sem um envolvimento (ingerência, diriam alguns) do Estado sobre os interesses do mercado (entidade abstrata que funciona como um avatar das elites socioeconômico-políticas).

Logo, podemos associar as dimensões referidas há pouco como espaços de inclusão 1) social, por meio da comunicação social e privilegiando a leitura crítica da mídia e o binômio diversidade-representatividade de todas as pessoas, de inclusão; 2) pedagógica, pelo acesso aos imensos repositórios de informação qualificada e sistematizada que estão presentes na web; e, por fim, 3) didática, que se materializa no direito e na capacidade técnica de produzirmos comunicação – leia-se expressões midiáticas – e disseminá-la democraticamente por meio de interfaces amigáveis e abertas.

Essa colocação equivale a uma pequena agenda proposta para a educom em relação à EaD. Não por acaso, o trabalho a ser feito (lembram-se da abordagem triangular?) desloca sua ênfase a partir do aporte sociopedagógico, para, depois, se desdobrar na operacionalidade.

Num mundo que ainda sofre com a voga das *fake news*, é preciso ter certeza de que estamos formando pessoas para manipular as tecnologias digitais, e não o contrário.

EDC: EDUCAÇÃO E DIFUSÃO DO CONHECIMENTO

A sigla EDC (educação e difusão do conhecimento) caracteriza uma espécie de guarda-chuva conceitual sob o qual podemos abrigar diferentes níveis da divulgação científica: difusão, disseminação e divulgação (Costa Bueno, 1985), sendo que a essa última categoria poderíamos agregar a popularização científica.

Algumas breves definições:

- **Difusão científica**: categoria ampla que inclui outras duas e opera em dois níveis: o dos especialistas e o do público em geral. Nesta categoria cabem exemplos como publicações e eventos estritamente científicos (especializados), tais como congressos, simpósios e similares; produções midiáticas e plataformas dedicadas à pesquisa científica e a imprensa dedicada a esta pauta – o jornalismo científico.

- **Disseminação científica**: transferência de informações científicas e tecnológicas entre especialistas, que pode ser interpares (especialistas de uma mesma área) ou *extrapares* (especialistas de áreas distintas). Aqui cabem publicações e eventos voltados para os cientistas e outras pessoas ligadas a áreas de especialidades (gestores, financiadores etc.).

- **Divulgação científica**: entendida como a comunicação veiculada a partir da comunidade científica, mas que tem como alvo o público em geral. Aqui cabem publicações e eventos direcionados aos diferentes públicos de perfil não acadêmico. O que denominamos como popularização científica caberia nesta categoria, que hoje em dia é bastante ampla, incluindo canais de vídeo e áudio (*podcasts*) temáticos que pretendem informar (e divertir) internautas de todos os perfis.

É importante entendermos que, excetuando os estudos ainda em revisão, isto é, os que não confirmaram suas hipóteses e/ou não são apoiados pelo grosso da comunidade de especialistas, não existe uma diferença essencial entre o conhecimento científico e o conhecimento escolar. Nesse sentido, os materiais didáticos de informação e apoio pedagógico, como livros didáticos, paradidáticos e apostilas dos sistemas de ensino; incluindo também os ciclos de formação – desde cursos de extensão até oficinas e palestras –, geralmente abertos e sem a exigência de pré-requisitos a seus participantes.

Uma distinção importante a ser feita é entre o caráter informacional e o caráter pedagógico que esse conhecimento pode adquirir. A rigor, essa finalidade não deve modificar a qualidade e a confiabilidade dessas categorias de conteúdo, sendo um fator importante para direcionar a atuação de educomunicadores.

Outro diferencial na abordagem educativa é sua vinculação à EDC em praticamente todos os campos do conhecimento, da saúde ao direito, da tecnologia à sociologia, sem mencionar às já esperadas contribuições em projetos comunicacionais e educacionais.

De minha parte, somente no âmbito das colaborações interdepartamentais (dentro da USP) e interinstitucionais (com outras IES), poderíamos oferecer uma lista extensa de contribuições em parceria com diversos outros cursos de bacharelado e licenciatura. Isso comprova o potencial da EC de apoiar ações didáticas e pedagógicas independentemente das áreas de conhecimento envolvidas.

O NOME DAS COISAS:
REVISANDO A TAXONOMIA EDUCOM

Desde o título deste livro, busco expressar os objetivos como, de uma parte, recapitulação memorialista (incluindo as dos fatos recentes) e, por outra, como uma atualização propositiva das ideias que vêm sendo discutidas e transformadas por inúmeras mãos e mentes mobilizadas por um grupo crescente de pessoas que se identificam como praticantes da educomunicação.

Considerando que estamos na parte mais propositiva da obra, cabe revisar e esclarecer as tendências que se evidenciam na atualidade, sempre levando em conta que a construção epistemológica da educom é uma obra permanente, aberta e coletiva, de modo que minha humilde contribuição tenta ser parte do processo de evolução contínua do conhecimento, nunca uma ruptura contestadora.

Organizarei nossa explanação em três instâncias principais: a dos pressupostos ideológicos, a das áreas de atuação e a da identidade filosófica e pedagógica que orienta as outras duas instâncias.

O diálogo como base, a práxis como meio
e a transformação social como fim

Retomando o raciocínio de que os conceitos podem revelar-se em seus aspectos de sentido lato ou estrito, começarei pelo entendimento de que o diálogo é pouco mais que um fluxo de pensamento compartilhado. Por vezes, me refiro até a um "diálogo interior", o que prescindiria da figura de um interlocutor, caracterizando uma espécie de paradoxo comunicacional.

Esse juízo, de algum modo, também pode ser aplicado aos diálogos socráticos, uma criação de Platão, considerando que o seu falecido mestre (Sócrates), personagem que os protagoniza, nunca deixou registros escritos. Não seria incorreto considerar que tais diálogos "simulados" (na verdade, um recurso pedagógico, como as parábolas bíblicas) também não podem ser considerados exemplos reais de uma prática dialógica.

O conceito de diálogo em que me apoio está mais alinhado à obra de Paulo Freire. Sua definição aparece, por exemplo, na *Pedagogia do oprimido*, em que diz: "Não é no silêncio que os homens se fazem, mas na palavra, no trabalho, na ação-reflexão" (Freire, 1987: 79). E essa citação de Freire se conecta a outra que diz: "A conquista implícita no diálogo é a do mundo pelos sujeitos dialógicos, não a de um pelo outro. Conquista do mundo para a libertação dos homens e das mulheres" (1987: 79). Nesses raciocínios preliminares, o autor aprimora outros, já desenvolvidos anteriormente e cujo cerne diz respeito à consciência política, traduzida como a passagem da intransitividade para a transitividade:

> Na medida, porém, em que amplia o seu poder de captação e de resposta às sugestões e às questões que partem de seu contorno e aumenta o seu poder de *dialogação*, não só com o outro homem, mas com o seu mundo, se 'transitiva'. Seus interesses e preocupações, agora, se alongam a esferas mais amplas do que à simples esfera vital. (Freire, 1967: 59)

A respeito do diálogo freiriano, ainda pode-se fazer um arremate considerando a obra *Pedagogia da autonomia*, na qual o autor retoma o tema explicando que

> Viver a abertura respeitosa aos outros e, de quando em vez, de acordo com o momento, tomar a própria prática de abertura ao outro como objeto da reflexão crítica deveria fazer parte da aventura docente. A razão ética da abertura, seu fundamento político, sua referência pedagógica; a boniteza que há nela como viabilidade de diálogo. (1996: 153)

Existem outros aportes importantes sobre o diálogo não apenas na perspectiva dos princípios filosóficos e éticos, mas também sob uma visão mais pragmática e operativa. Talvez o melhor exemplo nessa linha seja a contribuição que nos foi dada por David Bohm, físico célebre, considerado um dos maiores especialistas da Física Quântica, por sua comunicação epistolar com Albert Einstein e outros cientistas do mesmo porte, tendo se aventurado sem medo na filosofia da ciência e na psicologia.

Sua obra temática mais conhecida sobre o diálogo, *Diálogo: comunicação e redes de convivência* (Bohm, 2005), partiu da constatação de que, mesmo em reuniões de trabalho povoadas pelos mais brilhantes cientistas, o trabalho custava a avançar pela pouca disposição dos participantes de ceder a palavra ou mesmo de ouvirem uns aos outros. Por esse motivo, Bohm sistematizou uma prática ritualizada em passos e etapas que todos (gênios e não gênios) deveriam observar nos encontros.

Novas interfaces ou espaços de aplicação?

Acompanhando esse rol de temáticas cada vez mais presentes e atuais, a educomunicação assume a sua vocação interdisciplinar e crítica como um posicionamento ativista e politizado que a caracteriza e diferencia de outras correntes pedagógico-didáticas, como já anunciamos anteriormente. Mais uma vez, nos vemos na obrigação de apontar que o ativismo político (mas não especificamente partidário) também pode ser localizado em várias correntes pedagógicas sem conexão direta com educom. O que parece um diferencial claro é a impossibilidade de compatibilizar os pressupostos educomunicativos com projetos que operem qualquer modalidade de exclusão, seja por justificativas econômicas, ideológicas ou de outra natureza.

Por tais razões, considero quase impossível, nos dias de hoje, enquadrar uma intervenção educomunicativa sob a denominação de uma ou outra vertente específica, o que nos leva à busca de uma nova sistematização mais abrangente, flexível e consonante com os dias atuais.

A questão que se coloca, além de estabelecer categorias consistentes dentro do "guarda-chuvas" epistemológico da EC – o que vai bem ao encontro do interesse dos acadêmicos –, é fundamentar satisfatoriamente os projetos e ações que se quer desenvolver. Ao tratar pontualmente, neste livro, da profissionalização do terceiro setor, aponto as mudanças que incidiram sobre a educação, seja como lócus de integração social (olhar positivista), seja como campo de atuação profissional ou "mercado" (visão libertária/liberal). Seja qual for a caracterização da demanda, contexto e objetivos dos processos pedagógicos que se praticam, não se pode renunciar a um planejamento acurado que, por sua vez, necessita de uma fundamentação convincente.

Na sequência, discorrerei, de forma pontual, sobre algumas tendências que tem se colocado diante dos educomunicadores como possibilidades novas e desafiadoras para exercitar sua abordagem. Reforço aqui um axioma: o de que a educom (na minha experiência pessoal) nunca é invocado em contextos de relações tranquilas e com abundância de recursos materiais, humanos ou logísticos. A regra é que, diante da inadequação, indisponibilidade ou fracasso de outras soluções, que se faça uma tentativa esperando por um resultado favorável. Antes que as críticas cheguem, este autor admite que, diante das novas perspectivas, esse axioma já pode se revelar desatualizado.

A educomunicação como uma abordagem relacional

Para finalizar este capítulo, seguirei para a conclusão dos raciocínios sobre a educom e, à guisa de recapitulação conceitual, penso ter avançado na construção de sua idiossincrasia e de seu quadro de referências.

Assim, serão colocados aqui quatro pontos fundamentais para caracterizar a educom, antes de tudo, como uma abordagem relacional. Nas últimas décadas, diversos desenvolvimentos foram construídos, como o leitor ou a leitora puderam acompanhar em nosso texto. Embora tenha insistido em alguns momentos em replicar o axioma (correto, aliás) de que a educomunicação é uma área (ou campo, se preferirem) em permanente construção, não posso me esquivar de deixar aqui uma contribuição um pouco mais duradoura a qual, eventualmente, possa alimentar debates pertinentes e prolíficos.

E primeiro lugar, reconhecer que a EC pode intervir na totalidade dos contextos educativos implica admitir que ela não pode, sozinha, resolver todos os eventuais problemas de comunicação. Foi tratado bastante da perspectiva da gestão da comunicação, mas, no geral, em quase todos os organogramas de projetos e instituições da área pedagógica não se prioriza a comunicação em seus níveis decisórios. No mais das vezes, a comunicação é considerada uma linha auxiliar, quase invisível, com a única função de divulgar informações sobre as ações pedagógicas ("atividades-fim"), administrativas ou outras "atividades-meio" de maior destaque.

> *Outra breve anedota: na segunda metade dos anos 2000, organizamos um evento online em parceria com uma Secretaria de Educação que contava com uma estrutura impressionante para transmissão de webconferências.*
>
> *Já estávamos, àquela altura, bastante envolvidos numa parceria de formação com um número elevado de professores e polos de formação em várias cidades. Em dado momento, antes do início da transmissão, o professor Ismar Soares, um dos interlocutores da conferência, pergunta para a representante institucional à qual acabara de ser apresentado: "– Como vocês têm aproveitado essa estrutura maravilhosa para trabalhar a comunicação com as escolas?". A interlocutora responde que o órgão promovia muitas ações comunicacionais divulgando os cursos e demais ações promovidas, além de conectar permanentemente os polos numa rede informativa.*
>
> *O professor insistiu: "– Mas como se trabalha a comunicação dentro das escolas, em sala de aula?". A surpresa da gestora me passou a ideia de que, embora dialogassem sobre um mesmo assunto – o papel da comunicação na educação –, eles não a entendiam da mesma forma.*

Em segundo lugar, isso nos leva a admitir que a compreensão dos educomunicadores sobre como a educomunicação deve ser conduzida nos espaços educativos não é inata e nem unânime nesses contextos. Como de costume, a educom tende a se inserir onde encontra alguma receptividade (às vezes, mínima) e procura se amoldar à realidade local, buscando entender suas demandas e potenciais. Porém, também há que se considerar os *limites* nas possibilidades da intervenção e, eventualmente, frustrar-se por não conseguir "exercer plenamente uma dinâmica educomunicativa".

Isso leva de volta à discussão sobre a educomunicação possível, constatando que na realidade ela é sobre os limites da atuação do educomunicador. Para não encerrar esta seção com uma reflexão pouco encorajadora, vou abordar um terceiro tópico: a essencialidade da comunicação em todos os seus aspectos relacionais.

O que dizem os educomunicadores?
(Sobre a educomunicação e seus desafios, hoje)

"Para mim, a educomunicação é a utilização de recursos comunicativos para a transformação da experiência, focada na transformação social, refletindo a cultura e o contexto de forma específica, pois cada realidade terá sua determinada circulação da informação, dos valores e dos sentimentos das pessoas. Presenciei a educomunicação de várias perspectivas e são muitas as possibilidades que cada realidade propõe para que as relações sejam melhoradas. Considero que há também muitos lugares em que, como educomunicadores, vamos com a intenção de aplicar a educomunicação e acabamos sendo mais ensinados do que todos. Acredito que a educomunicação está sempre encontrando a forma mais justa e digna para algo acontecer, e essa é a mudança em que eu gostaria de estar."

(*Vanessa Elias, musicista e educomunicadora graduada em educom desde 2023*)

Como tornar-se educomunicador(a)?

> Este capítulo fornece informações importantes para quem deseja se conectar aos centros de formação e compartilhamento de oportunidades na área de estudo e atuação profissional da EC.

Um dos aspectos que já deve ter ficado bastante claro para os leitores atentos é que, por mais que a educomunicação seja clara em sua caracterização e propósitos, enquanto área de formação e atuação profissional, ela permanece um intrigante mistério.

ONDE PROCURAR INFORMAÇÕES?

Esta questão é outra que não se responde sem o enfrentamento de uma controvérsia básica: ser educomunicador resulta de uma formação profissional específica ou se trata de uma postura ideológica do educador em sua prática de trabalho?

Educomunição

Antes de tudo, cabe apontar como esta controvérsia é vazia, pois não se pode separar os aspectos praxísticos dos aspectos atitudinais na agência de um educomunicador, seja o seu perfil o de um comunicador popular ou o de um educador comprometido com a educação libertária.

De fato, como defendem alguns, as competências específicas de um educomunicador não precisam ser uniformes ou homogêneas: ele não tem o compromisso de dominar as linguagens e recursos da comunicação e nem o referencial teórico completo da pedagogia – ou vice-versa. Por outro lado, os ideais humanistas e igualitários deste profissional precisam ser firmemente embasados por uma visão ampla e contextualizada sobre aquilo que um educador deve fazer e de como ele pode levar adiante seus projetos.

Em consequência, antes de levar a cabo a decisão de atuar na educomunicação, como em qualquer outra área, é necessário levar em conta o conjunto de aptidões – que alguns chamam erroneamente de "vocações" – que se tem e as competências que se fazem necessárias adquirir. As convicções profissionais éticas e o senso de justiça social devem estar presentes desde o momento anterior à escolha, como seus motivadores e balizadores. Embora possamos educar crianças e jovens priorizando a aquisição de competências básicas de leitura, escrita e cálculo, o esforço para realizar esse domínio não é consideravelmente maior se adicionamos um componente de consciência cívica e ética social de coletividade neste processo de formação.

Tais percepções tendem a ser necessárias quando alguém decide escolher a EC como profissão, evitando, assim, as armadilhas que eventualmente ofereçam formação técnica e algum nível de certificação educacional com o "rótulo" da educomunicação, muitas vezes apresentando-a como uma especialização técnica baseada no domínio de tecnologias de produção midiática ou técnicas de gestão comunicacional. Por esse motivo, esta breve seção se ocupa de indicar algumas fontes de informação sobre a regulamentação profissional e atuação dos praticantes da educomunicação, seus caminhos acadêmicos e outras informações pertinentes para quem deseja trabalhar na área.

Também recomendo que as pessoas que nutrem um interesse efetivo em trabalhar com educom que façam proveito das inclinações associativistas e solidárias dos educomunicadores(as) que já estão atuando na área, e que podem ser acessadas em pelo menos duas agremiações que mencionaremos a seguir.

ABPEducom

A Associação Brasileira de Pesquisadores e Profissionais em Educomunicação (ABPEducom) é um bom ponto de partida para explorar o educomverso. Além de um website bem organizado e atualizado – mantido por uma rede extensa de colaboradores fixos e eventuais –, essa associação disponibiliza um repositório de recursos em áudio, vídeo e, principalmente, livros digitais que podem ser baixados gratuitamente no site oficial da organização (https://abpeducom.org.br/publicacoes/index.php/portal).

Também vale a pena acompanhar as notícias e manter-se atento aos cursos e lives que a plataforma divulga. Por ter um alcance nacional, a tarefa de encontrar um grupo de associados interessados em compartilhar vivências e dar suporte a iniciativas locais também é facilitada. Eventualmente, os interessados podem se associar mediante uma anuidade e ter acesso a custos reduzidos para participar dos eventos e formações certificados pela associação.

Anualmente, a ABPEducom promove um Congresso Nacional (quase sempre concomitante com um encontro internacional) em um estado diferente da federação, sempre visando a estimular que grupos regionais de educomunicadores se articulem e ajudem a construir um movimento nacional.

Base Educom

Este projeto, o mais recente entre as iniciativas aqui registradas, se diferencia pelo fato de ter sido concebido e implementado como um coletivo pensante e agente por estudantes egressos da licenciatura em educomunicação da USP. A Base Educom se apresenta como "uma comunidade colaborativa de conteúdo sobre educomunicação, com compartilhamento de práticas e saberes entre profissionais e interessados pelo tema" (visite em https://baseeducom.com.br/).

É interessante notar que, enquanto tendência, a iniciativa dos jovens educomunicadores, grande parte dos quais com formação acadêmica e vivências significativas na educação de campo – ou seja, exercendo efetivamente a práxis educomunicativa –, aponta para uma via ainda pouco explorada da educomunicação.

ONDE ESTUDAR EDUCOM?

Para dimensionar as expectativas de quem lê este livro, cabe a ressalva de que trataremos de cursos autonomeados "de educomunicação". Já me estendi bastante em analisar a proximidade entre a educom e outras abordagens similares, de modo que faz sentido deixar de fora cursos de midiaeducação, informática educativa e similares.

Oficialmente, até a publicação deste livro, existem dois cursos de graduação reconhecidos e com oferta contínua em universidades públicas brasileiras. Em ordem de surgimento, o primeiro deles é o bacharelado da Universidade Federal de Campina Grande (UFCG), na Paraíba. A UFCG surpreendeu quando abriu suas inscrições em 2010, um semestre antes de a USP oficializar sua licenciatura, após ao menos uma década de trâmites internos e pedidos indeferidos, para, finalmente, dar início ao curso. Outras ofertas de graduação em educom aparecem em instituições de ensino privado em diversos lugares do país. Dada a impossibilidade de conhecer, a fundo, essa variedade de ofertas e, mais ainda, de compará-las, faço indicação aos interessados que acompanhem as recomendações dos diferentes guias do estudante que existem institucionalmente (MEC, IES públicas) e no mercado (como o da editora Abril).

Também se pode mencionar cursos de pós-graduação *lato sensu*, que podem se enquadrar na categoria de especialização – com pelo menos 360 horas – ou de aperfeiçoamento – com 180 horas, no mínimo. Posso testemunhar sobre o curso de especialização oferecido pelo CCA-ECA/USP até o ano de 2015 (este autor participou dele como docente de Mídias Sonoras) e acabou descontinuado por questões administrativas (falta de quadros, basicamente) que talvez seja retomado em formato diverso num futuro próximo. Pode ser informação redundante, mas sempre é bom lembrar que, no Brasil, a pós-graduação *lato sensu* não concede títulos que possam ser conectados a uma trajetória acadêmica (pesquisa e docência em universidades).

De modo diverso, há a modalidade de ensino superior conhecida como "curso tecnológico", que equivale a uma graduação de curta duração. Entretanto, apesar de periodicamente atendermos consultas sobre a viabilidade de criação de um tecnológo em educomunicação, até o momento de finalização desta obra não detectamos a concretização desta possibilidade.

Mais difícil ainda é encontrar – e recomendar – cursos *stricto sensu* (mestrado e doutorado) específicos sobre educomunicação. Até o presente momento, o que existe são programas de pós-graduação com aderência de linhas de pesquisa ou de orientadores específicos sobre temáticas e referenciais alinhados à abordagem educomunicativa. A USP e a UFCG, citadas no início, se enquadram nesse caso, mas nada impede que outras instituições públicas e privadas desenvolvam iniciativas nesse sentido.

ONDE OS EDUCOMUNICADORES TRABALHAM?

Se, em algum momento entre a disseminação da internet em nosso meio e a consolidação dos mecanismos de busca baseados em algoritmos de alta complexidade e eficiência, era difícil obter informações confiáveis sobre formações, ações e projetos educomunicativos, com certeza a realidade mudou. Agora o problema parece ser outro: o avaliar a qualidade e confiabilidade dos dados obtidos nos sistemas de buscas. Não posso dizer que existe uma regulamentação profissional para o educomunicador – a função sequer consta na tabela da CNAE (Classificação Nacional de Atividades Econômicas), elaborada pelo IBGE – o que não é empecilho para que surjam vagas e até concursos direcionados para esta atividade. Enquanto o esforço para elevar o educomunicador ao *status* de profissional reconhecido, pode-se observar como ele se enquadra numa série de requisitos exigidos por demandas dos setores público e privados.

Uma pesquisa realizada pela USP em 2023, que trata especificamente do campo de atuação dos educomunicadores egressos da licenciatura do CCA-ECA, indica que esses profissionais, em sua maioria, trabalham e estudam cumulativamente há mais de dois anos (a oferta do curso é para o período noturno), o que não significa que todos os entrevistados atuem na área da educomunicação. Isso permite a afirmação que a escolha pela profissão não se deu por uma necessidade imediata de emprego, mas por uma opção de carreira mais consciente e duradoura.

Quadro V – Dificuldades do egresso

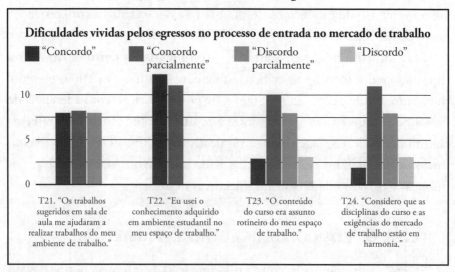

Fonte: Adaptado de https://jornal.usp.br/universidade/pesquisa-da-usp-revela-diversidade-de-campos-de-atuacao-para-educomunicadores/. Acesso em 03 mai. 2024.

Outro conjunto de informações relevantes pode ser obtido com a leitura do Quadro IV e que trata das dificuldades para entrada no mercado de trabalho. Os gráficos do quadro refletem uma percepção crítica de que, embora a formação na academia seja de reconhecida qualidade, existe um descompasso entre a realidade para a qual o educomunicador é preparado e o perfil desejado pelo mercado de trabalho.

Uma análise interessante a ser feita é a de como esse perfil de educomunicadores vem se modificando ao longo das últimas décadas, o que sem dúvida impacta na oferta de cursos de formação profissional e acadêmica, na mesma medida em que sofre o impacto das profundas mudanças no mundo do trabalho provocadas, em última instância, pelas tecnologias digitais e sua influência na atividade econômica na vida social e até na cultura dos indivíduos e instituições.

Do meu ponto de vista particular, enxergo esse fenômeno como uma sucessão de ciclos caracterizados com a atuação do Estado no atendimento às demandas sociais. Assim, parece haver um ciclo que vai até meados dos anos 1990 correspondente à presença da EC no âmbito da educação não formal, bem aos moldes da educação popular gestada por Kaplún e

Freire, mas já sob a égide das tecnologias digitais recém-chegadas, o que propiciou a multiplicação de oficinas de vídeo e áudio que anteriormente esbarravam num custo absurdamente alto de produção.

No ciclo seguinte, essas inovações e, principalmente, o hábito de adotá-las chegaram às escolas, primeiro de forma incipiente e, logo, massivamente, por conta de enormes investimentos de recursos informáticos na educação. Evidentemente, este ciclo chega primeiro aos grandes centros urbanos para depois espraiar-se pelas periferias e ambientes rurais, muitos dos quais ainda se encontram na fila de espera para se beneficiar dos efeitos virtuosos da "revolução digital".

Na prática, o ciclo educomunicacional inaugurado pelo projeto Educom. rádio (do qual trataremos num próximo capítulo) quebrou a barreira entre o terceiro e o segundo setores, pois, no fundo, se tratou de uma transferência de *expertise* adquirida nas organizações da sociedade civil e transposta para o ambiente da educação formal mediante o empenho (grande) da universidade.

Apesar dos percalços e da relativa impermanência de projetos educom em vários contextos por eles contemplados na década de 2000-2010, o setor público de administração direta (leia-se governos), principalmente ao nível dos municípios, passou a conviver com as práticas educomunicativas em todas as regiões do país. Essa capilarização da educom, só não foi maior, aparentemente, pelo recuo dos investimentos em políticas públicas de cunho social. Ainda que a instalação de laboratórios de informática e de conexões à internet já integrem o custo fixo das redes escolares, a formação continuada e qualificada necessária para a efetividade pedagógica da tecnologia não recebeu o mesmo tratamento.

Não obstante, um efeito virtuoso deste passado recente foi o fato de muitos jovens estudantes terem vivenciado práticas educomunicativas em ambiente escolar, incentivando-os a, mais tarde, optarem por esta abordagem profissional ou, ao menos, direcionarem seu interesse para uma atuação que prioriza o trabalho (seja qual for) como interface social promotora da cidadania, e não apenas como meio de subsistência diante de um mercado competitivo e individualista.

Mais recentemente, chega-se, talvez, ao limiar de um terceiro ciclo que corresponde ao interesse dos estudantes de educomunicação na produção de conteúdos midiáticos educativos e na manutenção de plataformas virtuais voltadas para o ensino-aprendizagem. Aqui também notamos a convergência de profissionais do audiovisual, desenvolvedores de games, programadores de objetos de aprendizagem, instrutores de robótica, artistas digitais e de uma ampla gama de novos trabalhadores que se interessam pela educação.

No caso, é possível dizer que foi atingido um novo nível no campo da educação informal. Esta, que já foi identificada historicamente com a produção e o compartilhamento de saberes no âmbito de instituições como a família, o círculo de relações pessoais, os espaços de lazer e outros que pudessem ser caracterizados como propícios a uma "pedagogia espontânea". Há quem já anuncie a insuficiência da categorização dos graus de formalidade/informalidade do âmbito educativo, prevendo um futuro não muito distante na qual esta distinção não seja mais relevante.

O pensamento educomunicativo, entretanto, alerta permanentemente para os objetivos implícitos nos projetos da educação, na condução democrática e aberta das mediações no contexto pedagógico e na epistemologia orientada para uma integração do indivíduo na sociedade pelo exercício da cidadania. A observância de tais princípios não tende a se modificar, independentemente das mudanças profundas que possam incidir sobre os ecossistemas educativos que se constroem hoje e no futuro.

O COMEÇO DO FIM (DESTE LIVRO)

A seção final deste livro foi concebida como um necessário complemento aos principais desenvolvimentos que tiveram lugar, até aqui, em nosso texto. A necessidade se caracteriza pela participação direta de várias e vários educomunicadoras(es) que fazem parte de uma rede ampla a qual vem se constituindo há vários anos. Um certo número de protagonistas foi convidado a se manifestar neste espaço e uma parcela delas e deles atendeu ao convite.

A parte complementar deste epílogo enfoca um relato breve sobre os projetos educomunicativos que pude conhecer de perto e/ou de dentro. Este é o único filtro que justifica essas escolhas, dada a existência de uma enormidade de ações e projetos que mereceriam ser mencionados e detalhados. Peço perdão pela gigantesca omissão, mas este mérito justifica a criação de um breviário que excede muito as pretensões introdutórias deste livro.

No mais, podem se revelar úteis as referências bibliográficas e o "Vocabulário básico da educomunicação" para consultas e como ponto de partida para pesquisas não muito aprofundadas. Assim espero.

O que dizem os educomunicadores? (Sobre por que estudar educomunicação)

"A irmã mais nova da educação e comunicação. Uma forma de pensar a comunicação não só como uma ação, e sim campo de estudos e impacto social tendo em vista a educação e o aprender como grande meta, para todas as áreas do conhecimento e campos sociais pelos quais percorre. Uma irmã tecnológica, que admira suas irmãs mais velhas e aprende muito com elas, mas não tem medo de arriscar e buscar seu espaço. A educomunicação foi o campo que me abraçou na minha busca por conhecimento. Um lugar em que posso mesclar técnicas e campos de pesquisa diferentes e me aventurar por eles. Assim como sua grande base teórica, mas também de aplicação e estudos sociais, que se conversam por uma rede de pesquisadores complexa e dinâmica. Uma nova forma de fazer e viver a ciência da comunicação e educação."

(Isabela Xavier, aluna de graduação em educom)

EPÍLOGO
Os projetos, os conceitos

PROJETOS MARCANTES

Os resumos dos projetos aqui reunidos buscam seguir uma ordem cronológica e de importância, sempre considerando que, estando limitados ao meu filtro de participação/proximidade pessoal, não podem ser considerados unanimemente como "os mais importantes" – imagino que muitos registros podem ser levantados em território nacional, na América Latina como um todo e até em outros continentes, como Europa e África.

Assim, considerei os projetos numerados de (1) a (4) como "experiências históricas"; os de (5) a (7) com "iniciativas recentes" e o bloco final (sem numeração) como projetos importantes.

1. O EDUCOM.RADIO

Visto hoje pela perspectiva histórica, o plano de formação Educom. rádio – ou "Educomunicação pelas ondas do rádio", na denominação preliminar – representou muito mais do que um curso de formação docente sobre as possibilidades didáticas e pedagógicas da linguagem radiofônica em sala de aula: ele foi disruptivo em pelo menos em três aspectos.

127

Em primeiro lugar, ele inovou no direcionamento das ações que não foram implementadas apenas para os professores da rede municipal da cidade de São Paulo, mas também para os estudantes e membros da comunidade escolar – funcionários, pais e responsáveis por estudantes da rede pública municipal e até líderes comunitários.

Em segundo lugar, ressaltar o caráter não só interdisciplinar, mas interinstitucional da iniciativa, a qual não perseguia apenas estratégias inovadoras para motivar os estudantes na sala de aula, mas que também se estendia no atendimento de demandas da segurança pública (redução da violência dentro e no entorno das escolas) e do serviço social, incluindo ações para mitigação da vulnerabilidade das juventudes periféricas por meio do fortalecimento da autoestima, do senso de pertencimento e da inclusão cultural.

Por fim, mas não menos importante, houve uma "virada de chave" por meio da qual a educomunicação deixa de ser uma abordagem alternativa à educação para se tornar uma alternativa de abordagem educacional dentro do ensino formal.

Esse terceiro e último aspecto serviriam como precedente importante apoiando a transposições de vários dos princípios metodológicos da ação educomunicativa que viriam a ser empregados em praticamente todos os projetos protagonizados pelo NCE/USP e inúmeros outros – conduzidos ou não por instâncias universitárias – que viriam a se multiplicar nas décadas seguintes em contextos muito diferentes e distantes da capital paulista.

Do ponto de vista operacional, os números do Educom.rádio foram superlativos: o maior projeto educomunicativo do gênero registrou, em número de atividades, 1.008 encontros presenciais (cada um com duração de 8 horas), nos quais aconteceram 420 workshops, 840 palestras, e um número igual de oficinas de produção.

A meta inicial do projeto Educom.rádio era a de que todas as escolas de ensino fundamental deveriam receber o equipamento de produção radiofônica – uma aparelhagem compacta e portátil para a transmissão de rádio restrita – conhecido como *kit rádio*.

Epílogo

Não obstante, é forçoso admitir que, sendo um projeto grande e complexo, envolvendo centenas de escolas e milhares de formadores, nem tudo corresse de forma ideal. Por questões relativas à licitação de equipamentos nem todas as unidades escolares receberam o *kit rádio*, obrigando os mediadores a lançarem mão dos recursos disponíveis, que muitas vezes se resumiam aos gravadores de mão (com fitas minicassete) e aparelhagem de som padrão. Também do ponto de vista das relações humanas na rede escolar, a abrangência "irrestrita" nos processos de formação foi objeto de negociação, nem sempre tranquila, entre formadores e docentes.

Assim, embora as metas de formação tivessem se cumprido, o desenvolvimento do projeto foi prejudicado em sua fase de conclusão, a qual coincidiu com uma sucessão municipal, o que alterou o jogo de forças no quadro político paulistano. A mudança da cor partidária no final da gestão da prefeita Marta Suplicy (2001-2004) parece ter ocasionado a suspensão da quase totalidade dos projetos que se ali desenvolviam. É possível fazer um mergulho nesse projeto com a leitura da pesquisa de Renato Tavares (2007).

Entretanto, a repercussão do projeto, assumido a partir de certa altura como uma "ação de pasta" da gestão municipal, isto é, como uma frente privilegiada de intervenção com recursos materiais e humanos garantidos, se prolongou nos anos seguintes consolidando a educomunicação com suporte legal (a chamada "Lei educom") e um espaço permanente no organograma da Secretaria Municipal de Educação. Mais que isso, muitos educadores – e estudantes – acabaram por incorporar a educomunicação em seu repertório cultural e como um elemento de formação ao longo da vida. Alguns desses professores e alunos(as) se tornaram, anos depois, pesquisadores e ativistas da educação e da comunicação.

Educomunição

Quadro VI – Síntese do projeto Educom.rádio

Educom.rádio São Paulo	
Entidades promotoras	SME de São Paulo (Diretoria de Projetos Especiais, posteriormente, DOT)/USP (NCE).
Período de vigência	Agosto/2001 a dezembro/2004.
Demanda atendida	8.636 cursistas (100%), sendo: (1) 5.200 professores e funcionários (60,2%), (2) 2.861 estudantes (33,1%) e (3) 575 membros da comunidade (6,6%).
Universo	455 escolas de ensino fundamental da cidade de São Paulo.
Modalidade	Curso de difusão cultural, presencial, baseado em palestras e atividades de produção radiofônica.
Estrutura do curso	Doze encontros presenciais de oito horas (total: 96 horas), divididos em três módulos (04 encontros cada).
Organograma (funções envolvidas)	Gestão: DPE-DOT (SME-SP)/Coordenação USP (NCE)/Apoio Técnico NAEs (PMSP) Articuladores/Assistentes de Articulação/Mediadores (NCE) → cursistas (alunos, professores, comunidade escolar).
Papel do mediador	(1) desenvolver atividades teóricas e práticas com os cursistas; (2) mediar a produção radiofônica dos alunos; (3) coordenar e integrar as ações dirigidas aos professores com os demais participantes.

Fonte: Consani, 2008.

2. O EDUCOM.TV

O curso Educom.TV (originalmente "Curso de Aperfeiçoamento sobre a Linguagem Audiovisual na Escola – uma Ação Educomunicativa") pode ser entendido como uma ação educomunicativa desenvolvida no formato virtual/online (EaD) demandada pela Secretaria de Estado da Educação de São Paulo (SEE-SP).

Ele foi o primeiro de uma série quase ininterrupta de projetos desenvolvidos em parceria entre o NCE e departamentos governamentais de gestão educativa, inaugurando uma nova tendência (ao menos em nosso meio) na qual a educomunicação se descola do chamado terceiro setor e abraça (com ônus e bônus) o setor público. O curso aconteceu no segundo semestre de 2002 e demandou o desenvolvimento de um ambiente virtual de aprendizagem (AVA) interativo formatado especialmente para as necessidades do projeto. A produção de conteúdo do curso, bem como a sua coordenação pedagógica, esteve a cargo de Adilson Citelli, Ismar de Oliveira Soares (supervisor geral), Maria Cristina Castilho Costa e Marília Franco.

Os tópicos abordados no curso foram: 1) o campo da comunicação e suas áreas de intervenção; 2) cultura, consumo e mídia; 3) comunicação,

130

Epílogo

tecnologia da informação e educação; 4) aprendendo com textos não escolares; 5) características da linguagem audiovisual; 6) teorias e práticas da recepção/TV; 7) planejando a relação com a TV aberta; 8) planejando o uso do audiovisual na prática educativa; 9) planejando a educomunicação no plano pedagógico; e 10) avaliando o processo de ensino-aprendizagem.

O Educom.TV apresenta grande relevância por ser um projeto de formação docente voltado para a rede pública e firmemente ancorado na sistemática dos cursos on-line (ao menos nos moldes do início dos anos 2000). Mais que isso, a opção por uma abordagem que não separava, mas mesclava as tecnologias "novas" e as formas de comunicação mais "conhecidas" – com foco na televisão –, firmou-se como uma estratégia pedagógica educomunicativa empregada para trabalhar conteúdos específicos da educomunicação.

Ressaltando o pioneirismo da proposta, pela primeira vez (num projeto educomunicativo) foram empregados mediadores on-line, os quais se desdobraram para cumprir duas tarefas principais: assegurar o domínio do ambiente virtual e de seus recursos pelos participantes e a mediação pedagógica dos conteúdos de comunicação/mídia dirigidos aos professores-cursistas, muitos do quais travando contato pela primeira vez com a dinâmica virtual de trabalho educativo.

Quadro VII – Síntese do projeto Educom.rádio

Educom.TV	
Entidades promotoras	SEE de SP (CENP/FDE)/USP (NCE-ECA).
Período de vigência	Junho a dezembro de 2002.
Demanda atendida	2.243 docentes da rede pública.
Universo	1.034 unidades escolares de 88 DEs do estado de São Paulo.
Modalidade	Curso de difusão cultural, não presencial (EaD), estruturado em atividades no ambiente inerativo e 04 seminários presenciais.
Estrutura do curso	Dividido em 10 unidades temáticas, versando sobre conceitos, pressupostos e metodologia de trabalho da educomunicação. O ambiente comportou 35 salas virtuais tutoradas, cada uma com 60 a 70 professores-cursistas.
Organograma (funções envolvidas)	(I) Gestão SEE-SP (CENP/FDE)/Coordenação USP (NCE)/ Administração do ambiente (empesa *Real*)/Tutoria (NC) -> cursistas.
Papel do mediador ("tutor")	(1) minimizar o desconforto docente frente ao ambiente virtual; (2) orientar os cursistas no uso dos recursos do AVA; (3) realizar o acompanhamento pedagógico dos conteúdos, orientando e avaliando os cursistas.

Fonte: Consani, 2008.

3. O EDUCOM.RÁDIO CENTRO-OESTE

O projeto denominado "Educomunicação pelo rádio em escolas de ensino médio da região Centro-Oeste" ou, simplesmente, Educom.rádio Centro-Oeste, serviu como prova incontestável da possibilidade de expansão dos pressupostos educomunicativos para uma realidade totalmente distinta daquela que abrigou o Educom.rádio em São Paulo.

Com vários pontos "'herdados'" também da metodologia do Educom.TV, o curso do Centro-Oeste utilizou um ambiente virtual de aprendizagem e salas virtuais. Nesse AVA, foram disponibilizados os conteúdos: 1) educomunicação e suas linguagens; 2) pedagogia da linguagem radiofônica; (3) planejamento de educomunicação em espaços educativos; e 4) projetos de educomunicação com o uso da linguagem radiofônica.

A metodologia adotada baseou-se na leitura de três níveis de textos motivadores, de aprofundamento e complementares, e na resolução de exercícios no ambiente virtual. Dessa forma, a MTE foi desenvolvida por meio de ferramentas analógicas e digitais com ênfase destas últimas numa escala muito maior que no Educom.rádio de São Paulo.

Os encontros presenciais constituíam-se em momentos para orientações gerais e esclarecimento de dúvidas dos cursistas e, também, para a verificação dos resultados alcançados pela estratégia didática semipresencial e para a constituição do que hoje em dia chamaríamos de uma "comunidade virtual".

Quadro VIII – Síntese da educom Centro-Oeste

Educom.rádio Centro-Oeste	
Entidades promotoras	MEC (SEED e SEMT)/Secretarias de Estado da Educação de MT, MS e GO/USP (NCE).
Período de vigência	Outubro de 2003 a outubro de 2004.
Demanda atendida	140 educadores acompanhados de 20 especialistas das respectivas secretarias de educação.
Universo	70 escolas urbanas, rurais, indígenas e quilombolas dos estados da região Centro-Oeste.
Modalidade	Curso de aperfeiçoamento, semipresencial e teórico-prático.
Estrutura do curso	Dividido em quatro tópicos temáticos, disponibilizados *on-line*, com duração estimada de 108 horas (docentes) 264 horas (técnicos).
Organograma (funçóes envolvidas)	Gestão: MEC (SEED/SMT)/SEE-MT, SEE-MS, SEE-GO/ USP (NCE)/ tutores e mediadores (NCE) → cursistas.
Papel do mediador ("tutor")	(1) apresentar os recursos do ambiente virtual e orientar os cursistas; (2) contextualizar o uso da linguagem radiofônica em sala de aula; (3) construir uma "comunidade virtual" de cursistas no decorrer do projeto.

Fonte: Consani, 2008.

Epílogo

4. O CURSO MÍDIAS NA EDUCAÇÃO

O curso de longa duração "Programa de Formação Continuada em Mídias na Educação" (PFCMNE) foi criado pelo Ministério da Educação (MEC) brasileiro como uma proposta ambiciosa de qualificação de docentes da rede pública assegurando aos participantes um grau de pós-graduação *stricto sensu* (especialização). As instituições de ensino superior do sistema federal (universidades federais) foram convidadas mediante um edital preliminar a produzir os conteúdos do curso e, numa etapa posterior, a oferecer uma estrutura de gestão on-line para fazer a mediação (ou tutoria) entre a plataforma do curso e os professores inscritos na formação.

Nota-se que o curso não previa a inclusão de universidades estaduais (como é o caso da USP), de modo que a participação do NCE só foi viabilizada mediante uma parceria com a Universidade Federal de Pernambuco (UFPE) que atuou como instância certificadora, além de atrelar sua demanda de cursistas e tutores à estrutura organizada majoritariamente pela USP. Essa estrutura chegou a contar com cerca de 80 tutores – um número incrivelmente grande de mediadores, até para os padrões de hoje – e um quadro variável de gestores que oscilou em torno de uma dezena, incluindo um coordenador-geral (Ismar Soares), coordenadores executivo e pedagógico, coordenadores de tutoria (encarregados de orientar os mediadores) e representante institucional. Este último era eventualmente convocado para as reuniões nacionais do projeto promovidas pelo MEC em Brasília/DF.

Depois da fase de elaboração dos conteúdos, houve uma breve oferta-piloto visando promover o domínio do ambiente e das sequências didáticas do material por parte dos tutores (mediadores) e coordenadores de tutoria. Enfim, o curso começou oficialmente, em agosto de 2006, tendo se prolongado, em diversas edições consecutivas – e alguns hiatos operacionais, em julho de 2013. Na perspectiva histórica atual, a dimensão da demanda atendida, a complexidade das articulações institucionais e um número incrível de desafios técnicos, administrativos e pedagógicos fariam desse único *case* o tema de um livro extenso. Por agora, me limitarei a compartilhar informações que considero mais pertinentes ao escopo desta obra. Alguns dados superlativos deste projeto dão conta de que, ao longo de quase sete anos (três edições), foram atendidos nominalmente (no estado de São Paulo) algo em torno de seis mil cursistas, dos quais 450 atingiram a carga horária suficiente para fazer jus à certificação como especialista em mídias na educação.

A plataforma de gestão era o E-Proinfo, um ambiente virtual de código aberto desenvolvido especificamente para a formação massiva e totalmente on-line de um grande cardápio de cursos oferecidos pelo MEC por meio de uma estrutura de polos instalados em universidades e secretarias de educação nos estados e municípios. A mudança da cor partidária na administração federal (num *déjà-vu* do Educom.rádio) alterou bastante esta proposta original, substituindo paulatinamente o E-Proinfo por um sistema ainda mais ambicioso, que atende até hoje por Universidade Aberta do Brasil (UAB).

O "Mídias" foi concebido como um processo de formação dividido em quatro módulos temáticos, cada um deles abarcando um meio de comunicação: 1) mídia impressa; 2) mídia rádio; 3) mídia vídeo; e 4) tecnologia. O leitor deve levar em conta que, no início dos anos 2000, quando o curso foi concebido e testado, a internet não contava, nem de longe, com a disponibilidade de recursos e a amigabilidade intuitiva que demorou quase três décadas para chegar ao nível médio de hoje.

Esse nome carinhoso atribuído ao programa assinala um erro de tradução que soa como erro de concordância. Em português, a tradução do anglicismo *media* – que em sua origem latina é uma forma plural, designando o conjunto dos meios (*medium*) – resultou na grafia *mídia*, que passou a ser usada (erroneamente) como um substantivo no singular. Assim, passamos a enunciar a mídia/as mídias, sendo que esta segunda forma se apresenta como uma redundância da forma plural.

Para exemplificar a distância tecnológica entre o que o curso propunha e as condições efetivas para a sua realização nos territórios, é pertinente apresentar a informação de que muitos participantes do curso (no estado de São Paulo) apontaram o fato de não disporem de conexão adequada para acessar os conteúdos ou realizar as atividades, solicitando um modo alternativo para seguir estudando. Na ocasião, a gestão local do curso providenciou a cópia e o envio do conteúdo integral do Mídias em formato físico – no caso, com arquivos em linguagem "html" gravados em cd-rom, os quais foram enviados, às centenas, por correio ao endereço dos estudantes. No limite, houve casos de conteúdos impressos em papel e compartilhados, também por via postal, para cursistas que se viram, inadvertidamente, alijados de computadores (!).

Epílogo

Figura 6 – Arte original do programa de educação continuada Mídias na Educação

Embora ainda haja oferta para esse mesmo curso nos dias atuais, é necessário admitir que este desenho educacional não envelheceu muito bem. Pensando pela ótica da abordagem educomunicativa, também não parece muito adequado o estudo das mídias separadas de acordo com cada uma de suas linguagens. Nesse sentido, o módulo final "Tecnologia" tinha como objetivo fazer a junção entre os diferentes recursos oferecidos pela mídia-objeto dos módulos precedentes.

Aqui pesa outro fator: a produção de cada módulo esteve a cargo de IES diferentes e sediado em regiões diferentes do país. A princípio, esta diversidade de olhares foi muito bem-vinda, mas houve questionamentos (alerta: testemunho pessoal deste autor) quanto à organização, a curadoria dos conteúdos, o discurso mais ou menos acadêmico e as orientações curriculares específicas para uso do material de apoio em sala de aula. Um exemplo hoje curioso dessas discrepâncias foi uma resistência inicial à inclusão do conceito

Educomunição

de educomunicação nos conteúdos produzidos pelo NCE-USP/UFPE no Módulo Rádio, pelo entendimento de um parecerista de outra IES de que esta construção teórica não contava, àquela altura, com o reconhecimento amplo da comunidade acadêmica.

De fato, defender a educomunicação já foi uma tarefa muito mais desafiadora do que o é nos dias de hoje.

Em suma, para finalizar essa pequena série ilustrativa de "Projetos Históricos" – levando em conta que dezenas de outras iniciativas poderiam ser adicionadas a esta seção –, cabe destacar que o *hub* que articula tais relatos é o NCE/USP. Essa instância universitária acumulou expertise e dados que alimentaram algumas centenas de trabalhos científicos (teses, dissertações, monografias, TCCs) e um número difícil de se calcular de artigos e publicações acadêmicas e não acadêmicas, além de formar um quadro de profissionais orientados *pela* e *para* a práxis educomunicativa, que hoje se espalham pelo país e além.

Do ponto de vista institucional, a atuação do NCE foi indispensável para que se consolidasse na USP a licenciatura em Educomunicação.

5. O PROJETO BABITONGA ATIVA (PBA)

O PBA me coloca diante da tripla necessidade de reconhecimento considerando que a contribuição do estado de Santa Catarina é fundamental para a consolidação do conceito de educomunicação socioambiental. A construção desse capítulo se deu com base em relatos em primeira mão da professora mestra Patrícia Zimermann.

Em 2008 ocorreu o emborcamento de um comboio causando dano ambiental "muito grave" pelo derramamento de óleo no mar na região da baía da Babitonga, atingindo o ecossistema Babitonga, maior complexo estuarino do estado de Santa Catarina. O complexo abriga uma rica biodiversidade com espécies ameaçadas de extinção. A região desempenha importantes funções econômicas, como a pesca artesanal, turismo e portuária.

No entanto, conflitos provocados pela ocupação desordenada, poluição, assoreamento, exploração excessiva dos recursos naturais e pressões econômicas tornam a região prioritária para a conservação e uso sustentável dos recursos naturais. Na ocasião do crime, o Ministério Público Federal denunciou e impôs multa à organização privada causadora do dano, e em 2014 os

Epílogo

valores foram direcionados em edital para projetos ambientais. Entre esses o Projeto Babitonga Ativa foi um dos selecionados com base em critérios de preservação e desenvolvimento de unidades de conservação federal.

O PBA integrou comunidades das seis cidades da região, poder público e iniciativa privada em defesa da saúde deste ecossistema. Isso envolveu a elaboração de diagnósticos integrados, reuniões técnicas, planejamento espacial marinho (PEM), plano de comunicação e sistema de informação geoespacial e políticas para formação do Grupo Pró-Babitonga (GPB). O projeto contemplou diversas ações educomunicativas, como o vídeo-fórum, para estimular o diálogo e a reflexão sobre questões ambientais, e promoveu integração comunitária por meio de oficinas culturais e saraus. As iniciativas de educomunicação contribuíram para promover maior participação dos cidadãos na construção de um futuro sustentável da região, mostrando-se eficazes na conscientização ambiental e na mobilização para a preservação deste importante ecossistema.

Como legado, o GPB, um colegiado que reúne voluntários de diferentes setores, representa hoje modelo significativo de gestão ambiental participativa ao integrar uma ampla gama de atores na promoção de uma governança mais inclusiva e colaborativa na região. No entanto, persistem desafios que exigem a contínua evolução e adaptação do GPB para garantir a sustentabilidade a longo prazo do ecossistema Babitonga. Diretrizes como as do Programa Nacional de Educação Ambiental (ProNEA) (2018) e da Resolução Conama nº 422, de 2010, destacam a importância da educomunicação para a promoção do acesso democrático à informação e para a transformação social por meio de processos midiáticos, artísticos e culturais (referência disponível em https://revistaeletronica.icmbio.gov.br/cepsul/issue/view/94).

6. O EDUCOM.SAÚDE

É sintomático que um dos projetos mais recentes e significativos realizados no campo das políticas públicas tenha surgido por conta de uma demanda de saúde pública. Ao mesmo tempo que o fato evidencia uma questão aguda e desafiadora – o que parece reforçar o que chamamos anteriormente de "vocação da EC" –, ele demonstra que a abrangência da abordagem educomunicativa já alcançou territórios epistemológicos e institucionais que extrapolam muito os campos de conhecimento da comunicação e da educação.

Neste sentido, o Educom.Saúde pode ser considerado como um divisor de águas. Numa fase inicial, ele se caracterizou como um curso para formação de agentes de saúde baseado em oficinas presenciais. O aspecto diferencial foi a demanda contextualizada na área de saúde e impulsionada por uma necessidade aguda relacionada com as arboviroses, particularmente com a dengue, mas também com o zykavirus e a febre chikungunya.

Apesar de já haver um histórico significativo (mas discreto) de projetos educomunicativos relacionados com área da saúde, no ano de 2019 o prognóstico epidêmico era bastante sombrio. Esse contexto forneceu motivação de sobra para que o poder público estudasse estratégias inovadoras que assegurassem a efetividade das campanhas. Uma informação importante é a de que, ao longo das décadas, desde que se começaram a atuar no Brasil os serviços públicos de saúde, passaram a ser contempladas, também, estratégias de mobilização popular que fossem efetivas no combate às epidemias, nada incomuns na passagem do período imperial para a Velha República.

No início, a abordagem era bastante autoritária, apelando para a aplicação forçada do "fumacê" (fumigação de inseticida) nas residências e a vacinação compulsória, numa época em que muitos nem sabiam o que eram as vacinas. O resultado inevitável foi a impopularidade dessas medidas que resvalou para o confronto aberto em episódios como o da Revolta da Vacina de 1904 e que teve como palco o Rio de Janeiro assolado pela varíola. Aos poucos, as campanhas de saúde foram se aprimorando em capilaridade – principalmente com o advento dos agentes de saúde, profissionais de campo atuando nos territórios – e no emprego de estratégias comunicacionais embasadas na publicidade e propaganda. Entretanto, lá pelo século XX, a despeito da enorme potência representada pelos meios digitais em permanente expansão, pudemos verificar que as campanhas de saúde começaram a perder eficácia. Essa constatação foi o que motivou a parceria entre a Secretaria de Estado da Saúde do Estado de São Paulo (SES-SP), a ABPEducom e um grupo de profissionais ligados ao NCE/USP.

A proposta inicial do Educom.Saúde não se diferenciava muito das dinâmicas mobilizadas na maioria dos projetos educom: oficinas de sensibilização e produção midiática em áudio e vídeo. O diferencial mais importante se relacionava com o público atendido: agentes de saúde de municípios com

Epílogo

mais de cem mil habitantes. A edição inicial do curso (2019-2020) aconteceu de forma presencial e foi complementada por um curso on-line de 64 horas, o qual enfatizava aspectos de gestão da comunicação.

No ano de 2020, todos foram surpreendidos com o recrudescimento das medidas restritivas referentes à covid-19, e a SES-SP direcionou as ações já previstas (e orçadas) do Educom.Saúde para uma formação totalmente on-line. Ao mesmo tempo, a nova realidade obrigou o curso a um realinhamento radical – transpondo várias estratégias da modalidade presencial para a virtual – também se estimulou a exploração de possibilidades inteiramente novas por conta da abordagem cem por cento on-line que se tornou necessária.

Nessa segunda edição do curso as cidades envolvidas foram aquelas que contavam com uma população ente 50 e 100 mil habitantes. A terceira edição do curso realizada em 2021 consolidou a abordagem 100% on-line e abrangeu um leque maior de cidades, todas com cinco mil ou mais moradores. Em 2022 (coincidentemente, após uma sucessão do governo estadual em São Paulo) foi promovida a última edição do Educom.Saúde, encerrando um ciclo de formação que alcançou centenas de agentes de saúde em quantidade equivalente de municípios paulistas e cujo impacto nas populações atendidas ainda está sendo avaliado.

Mais importante, talvez, seja o legado deixado pelo projeto: materiais produzidos para e pelos cursistas, eventos de formação, equipes estruturadas organizando redes de comunicação nos territórios e a confirmação de que o potencial de contribuição da abordagem educomunicativa se estende a todos os setores de atuação da área pública.

Vocabulário básico da educomunicação

APRENDIZAGEM: ao optar por esta construção, a educom busca se diferenciar da perspectiva do *aprendizado*, isto é, da relação que se estabelece entre aquele que sabe e é responsável por transmitir o conhecimento – o mestre – e aquele que deve absorver os saberes já consolidados acumulados pelo "mestre sapiente" – isto é, o aprendiz.

A ideia da *aprendizagem* também desloca o cerne do processo pedagógico do ato de ensinar para o ato de aprender, ideia que vem ao encontro da busca incessante da EC pelo protagonismo do educando. Essa abordagem não foi inventada pela educomunicação, pois o quadro histórico dentro do qual ela emergiu não deixou margem para outro direcionamento.

Uma distinção um pouco mais sutil também pode ser alcançada pela dedução de que nem todos se consideram aptos a ensinar, mas a necessidade de aprender é aquilo que motiva a construção de sistemas de cultura (para que o conhecimento não se perdesse) e, em consequência disso, sistemas para ampliar e compartilhar a cultura – ou seja: sistemas educacionais. O curso da história nos trouxe o conceito de uma profissão de ensinante (que

Educomunição

chamamos até hoje de professor) e, também, de instituição de ensino que veio a se consolidar como escola.

As diversas teorias pedagógicas e psicológicas desenvolvidas para aprimorar a educação e seus processos nos proporcionaram ganhos inquestionáveis em escala e uso do tempo, mas não podem prescindir da motivação para o aprender, seja pela satisfação do crescimento intelectual ou pela necessidade de nos integrarmos a uma sociedade constituída, ou, mais provavelmente, por uma combinação variável das duas razões.

ARTE: os aspectos que a EC destaca junto à arte não são exatamente os da expressão individual, ainda que essa tenha um lugar importante no contexto da produção cultural. A educom enfatiza os aspectos comunicacionais e sociais da expressão artística, entendendo que ela seja uma instância de socialização e compartilhamento de vivências significativas.

Outra faceta a se destacar sobre o tema, além da onipresença do fazer artístico no mundo, desde a pré-história até os dias de hoje (portanto, antes mesmo do surgimento histórico do conceito de "arte" na Europa), é sua conectividade com outras instâncias culturais. Não por acaso, na contemporaneidade, a mídia tem se apropriado cada vez mais das linguagens e referências do mundo da arte, resultando numa abordagem híbrida conhecida como artemídia.

No bojo das práticas educomunicativas ainda há muito espaço para se agregar e combinar linguagens e recursos oriundos do mundo da arte, a começar pela abordagem triangular. Entretanto, um aspecto que não pode ser negligenciado é o fato de a arte, materializada em obras ou reafirmada como um bem de valor intangível, deve ser caracterizada na perspectiva da educação popular, como um direito básico conectado à cidadania.

COMUNICAÇÃO POPULAR: mesmo décadas depois de Mario Kaplún ter assumido a utópica missão de reivindicar a comunicação como um direito inalienável – e indissociável da educação – da classe trabalhadora, materializando sua proposta como uma metodologia (a pedagogia da comunicação) e por meio de várias estratégias didáticas (por exemplo, o cassete-fórum), a tarefa de democratizar a comunicação permanece muito longe de ser alcançada. Nos dias de hoje, poderíamos projetar a continuidade do compromisso de Kaplún na proposta da inclusão digital e em sua expansão para a inclusão midiática. Uma crítica cabível às tradições da mídia hegemônica é a tradicional instrumentalização do "gosto popular", justificando a oferta de conteúdos de qualidade duvidosa ou descompromissados com o conhecimento cientificamente legítimo.

Sobre isso, em sua obra seminal *Dos meios às mediações*, Martín-Barbero (1986) chama a atenção para o papel desempenhado pelos meios de comunicação que, na ascensão da indústria cultural, trabalharam diligentemente para substituir os ideais estéticos populares por aqueles ostentados pela classe dominante. Como resultado, ao invés de conquistas sociais efetivas, os trabalhadores passaram a almejar os bens simbólicos (desejo por consumo) que os equiparavam à burguesia e aos detentores do capital. Ainda é Martín-Barbero quem nos impede de afundar na desesperança, quando apresenta a possibilidade de uma mediação (que podemos chamar de "negociação de sentidos") dentro da própria cultura popular que se contraponha aos modelos estéticos e éticos impostos pelos *gatekeepers* da vez.

Em outras palavras, a educação libertária é hoje ainda mais necessária do que sempre foi, para despertar a consciência intransitiva (uma expressão freireana) apoiada nos valores solidários não só para melhorar alguns aspectos da vida, mas também para garantir que haja um futuro para a vida no planeta.

COMUNIDADE: além de ter se popularizado no Brasil como um substituto mais "palatável" para a expressão "favela", o termo *comunidade* remete a um ambiente de socialização caracterizado pela existência de condições e características comuns a uma maioria populacional oprimida e desassistida. Talvez por esse motivo, pareça difícil estabelecer um senso de comunidade nas grandes metrópoles, a menos que estejamos nos referindo a espaços específicos isolados em bairros, distritos ou frações urbanas.

Por outro lado, os trabalhadores de uma empresa, os estudantes de uma universidade ou um grupo de moradores de uma aldeia ou quilombo possuem vínculos socioculturais de pertencimento que os caracterizam como

Educomunição

uma comunidade, e não somente como um grupo de estranhos dividindo a mesma vizinhança. Também se consideram pertencentes à mesma comunidade os grupos de usuários de determinadas redes e sub-redes sociais, frequentadores dos mesmos espaços sociais e até as modernas "tribos" digitais que cultuam universos ficcionais (os *fandoms*), o que acaba se enquadrando naquilo que Henry Jenkins nomeou, com bastante otimismo, de "cultura da convergência".

Levando esse raciocínio adiante, pode-se entender comunidade não apenas em sua acepção de substantivo concreto – um lugar no mundo –, mas também como uma qualidade que possamos desejar e atribuir às nossas relações – querer tornar comuns os bens materiais e simbólicos de que dispomos. E não seria essa a base etimológica do termo *comunicação*?

DIREITOS HUMANOS: a questão dos direitos humanos parecia ter sido pacificada desde a Declaração Universal da ONU. Paradoxalmente, existem seres humanos que questionam este marco legal, não pelo conceito expresso sobre humanidade, mas pelo da sua universalidade, raciocínio sintetizado na frase "Direitos Humanos para Humanos Direitos" – a qual, na verdade, encerra uma negação de ambos os princípios.

Legalmente, a compreensão individual do que são os direitos humanos universais não deveria ser objeto de controvérsia no âmbito dos países signatários da respectiva Declaração de 1948, mas as noções de ética e legislação ainda parecem ser abstratas demais para assegurar um entendimento unívoco e sua adoção plena entre nós.

Cabe lembrar que a educomunicação sustenta sua práxis diretamente no entendimento de que a educação, a expressão e a informação são direitos inatos a todo e qualquer ser humano, tal como consta no texto original da DUDH publicado pela ONU.

DIVERSIDADE: a noção do diverso, do diferente, deriva do conceito de alteridade, ou seja, da percepção do outro, particularmente do reconhecimento e respeito a ele, não como uma entidade apartada e potencialmente hostil, mas como um ser humano próximo e equivalente a nós mesmos em desejos e aspirações. Essa proximidade, que também se assenta numa simetria

144

jurídica – identificada como cidadania –, independe do compartilhamento de características como gênero, padrão étnico-racial, classe social ou qualquer distinção que possa implicar em privilégios ou diferença de *status*.

É tentador enxergar na natureza a maior justificativa em prol da diversidade, já que a genética se beneficia da variedade para ocupar novos espaços e ambientes em um mundo de câmbio permanente. Na contramão, a endogamia e a pobreza genética apontam para becos sem saída da evolução. Por outro lado, o ser humano não precisa ser refém de leis naturais e instintos de sobrevivência depois de gastar milênios erigindo sistemas culturais e aperfeiçoando-os para garantir a vida em sociedades organizadas.

Resumindo: o respeito à diversidade não consiste apenas no exercício da tolerância, mas no reconhecimento de que o mundo é um lugar melhor **por causa** e não **apesar** das diferenças naturais e culturais entre os indivíduos e grupos humanos.

EDUCAÇÃO: o processo educacional já foi descrito como um sistema de regulação, isto é, de controle social, portanto, a serviço de um projeto hegemônico de dominação de um grupo social desfavorecido por outro, detentor do poder econômico e político. Depois da Revolução Francesa e da consolidação de um projeto positivista de sociedade, o caráter universal e o ideal da escola como uma instância de integração na sociedade – por meio do trabalho, em consonância com os valores liberais que insuflaram aquela revolução – se tornaram proeminentes. Entretanto, esse viés liberal por trás da queda da Bastilha reforçou seu ideal utilitarista, de modo que, desde o advento da escola moderna, várias gerações passaram por essa instituição motivadas pela expectativa de que a função principal do ensino (senão a única) seria a de garantir uma profissão e, ato contínuo, um posto no mercado de trabalho. Nesse arranjo, conceitos como vocação e realização pessoal migram para um segundo ou terceiro plano, e a função social do trabalho, basicamente, desaparece.

Do ponto de vista da educomunicação, a atividade profissional não se confunde apenas como um meio de sustento, assim como a escola não representa um trampolim para uma eventual autonomia financeira e uma improvável mobilidade social.

145

Educomunição

A educação, em toda a sua complexidade, se reveste então de um papel muito mais importante do ponto de vista social, valorizado pela contextualização cultural do educando e pela possibilidade de transformação da sociedade com base nas contribuições advindas de seu potencial realizado pela escola e alinhado com os ideais de justiça e igualdade.

EPISTEMOLOGIA: o estudo sobre a natureza do conhecimento ou do que é aprender se conecta ao estudo do conhecimento que busca delimitar a natureza dos seres (ontologia) e se espraia sobre as áreas da aprendizagem (pedagogia) e das técnicas que a viabilizam (didáticas). Em linhas gerais, a epistemologia da educom se sustenta na caracterização da área como um *continuum* (e não como uma interseção) entre educação e comunicação e a unidade de práxis entre ambas. O axioma de que *não se pode educar sem comunicar* é apenas um enunciado óbvio sobre o fato de que as relações educativas e comunicativas só se diferenciam pela transversalidade (duração no tempo) e persistência de seus efeitos ao longo da vida.

Sob qualquer aspecto, o fato dos educomunicadores serem, antes de tudo, educadores, reforça que todas e todos os que se identificam com esta abordagem necessitam exercer sua função sustentados por uma consciência plena sobre as especificidades e responsabilidades inerentes à sua atuação.

GESTÃO: já nos referimos à concepção operativa e unidimensional muitas vezes associada às atividades de gestão. Tal associação, quase sempre, deriva de uma visão administrativa unidimensional, focada, sobretudo, na eficiência dos projetos e na eficácia dos resultados. O que ocorre é que, muitas vezes, os indicadores de melhoria nos processos e resultados não se conectam diretamente ao bem-estar dos envolvidos, o que não é raro quando se trata de demandas educacionais. Dito de outro modo: não é raro que um esforço exaustivo resulte numa performance altamente satisfatória do educando – em termos quantitativos –, ao passo que o resultado obtido pode não corresponder a uma percepção de significância ou de ganhos cognitivos reais.

Vocabulário básico da educomunicação

Faz sentido a ideia de otimizarmos recursos materiais, logísticos e até humanos, considerando a necessidade de contarmos com educadores competentes e seguros no seu papel de mediadores. Entretanto, esperar que a relação pedagógica se resuma ao cumprimento de metas preestabelecidas e relegarmos a idiossincrasia de cada indivíduo ao denominador comum de uma avaliação somativa e classificatória equivale a renunciar o potencial transformador da educação na sociedade. Por esse motivo, na educomunicação, somos muito cuidadosos aos nos referirmos à gestão de relações e processo, e não à gestão de pessoas.

INCLUSÃO: a ideia de inclusão já foi tratada por outros autores como a ausência da exclusão, entendida como a negação de direitos garantidos a indivíduos ou grupos sociais, seja por conta de alguma condição sociocultural ou por alguma característica intrínseca (diversidade étnica, de gênero ou psicofisiológica) que os diferencie.

Como a exclusão opera com uma lógica perversa de segregação, a qual, não raro, pode ser tolerada ou até apoiada institucionalmente (ainda que não de forma oficial), o seu contraponto, ou seja, a inclusão, só pode ser efetivado mediante a conjugação de um propósito firme e de atitudes proativas que a combatam.

Aqui cabe apontar uma distinção entre o conceito de inclusão digital – no mais das vezes orientado para o acesso aos meios tecnológicos informacionais e comunicacionais – e o da inclusão midiática –, compreendida como a efetiva apropriação da sintaxe midiática e de canais democráticos e que permitam a expressão de pontos de vista, contanto que esta última não ameace justamente os valores humanistas e democráticos que a apoiam.

Também podemos resgatar aqui a distinção entre o desenvolvimento econômico, qualificado unicamente pelos indicadores de geração de riqueza, ou seja, de acumulação do capital; e o desenvolvimento social, mais preocupado com a distribuição desses valores fiduciários convertidos em ampliação de direito de acesso a bens e serviços por parte das parcelas desfavorecidas da população.

Educomunição

INTERVENÇÃO: as ações e projetos educomunicativos assumem, no mais das vezes, a caraterística de intervenções. Essas podem ser definidas como ações planejadas e executadas mediante uma intencionalidade clara e fundamentada no conhecimento de demandas educacionais específicas.

As intervenções se distinguem das ações permanentes por seu prazo de duração limitado, o que não significa que seus impactos não possam ser intensos e persistentes. Quando as intervenções fazem parte de um conjunto duradouro de ações é preferível denominá-las como projetos (de caráter prolongado) ou programas (de caráter institucionalizado), sendo que ambos podem ser criados, mantidos e apoiados por organizações de todos os setores da sociedade.

Sobre a importância da intervenção para os educomunicadores, observamos que o verbo intervir, do ponto de vista etimológico, deriva do latim *intervenire*, isto é, "vir entre", interpor-se ou, em outras palavras, "mediar".

JUVENTUDES: a alteridade e a diversidade a que nos referimos anteriormente justificam a mudança fundamental nesse conceito. Se antes a juventude era assumida como uma categoria fixa, facilmente identificável e homogeneizadora, hoje vemos compelidos a considerar a fluidez, a transversalidade temporal e a indefinição bio-psicofisiológica que diferenciam um ser humano de outro, ainda que todos eles se identifiquem como "jovens". Reconhecer que as juventudes são múltiplas, complexas e, não obstante, detentoras de direitos fundamentais nos leva a encarar o ato de educar com muito mais responsabilidade.

No Brasil, contamos com o marco legal do Estatuto da Criança e do Adolescente (ECA), documento cuja importância ainda prevalece na orientação das políticas públicas ligadas à infância e adolescência. Entretanto, além da necessidade de atualizar um documento de mais de 30 anos de idade (de um mundo pré-internet), há que se considerar que o desenvolvimento cognitivo de crianças, adolescentes e de jovens adultos não é o mesmo das gerações passadas, mudança que se reflete, inclusive, na reestruturação curricular de séries e ciclos. Uma questão emergente dessa mudança impacta principalmente os jovens: a preparação e o ingresso no mercado de trabalho,

148

que se transforma numa preocupação angustiante na passagem da minoridade para a maioridade legal.

A impossibilidade de se beneficiar dos modelos sociais das gerações passadas, a descrença nas instituições tradicionais e a necessidade de obter respostas satisfatórias e críveis para todas essas incertezas podem fazer crescer o niilismo entre os jovens. Muitos deles temem não apenas por não saber como será o futuro, mas por não ter certeza, inclusive, se haverá um futuro a ser vivido.

O educomunicador, ainda quando não seja propriamente um jovem – embora muitos deles o sejam – procura se colocar no lugar do outro apresentando-se como um igual, copartícipe do ato de educar, e nunca como um mentor que impõe seus pontos de vista ao educando.

MEDIAÇÃO: o conceito de mediação entra em educom como uma contribuição direta do já mencionado Martín-Barbero, o qual, por sua vez, o elabora extraindo ideias de uma série de referências filosóficas e sociológicas que remontam de Aristóteles, passando por Hegel, Marx e outros baluartes da linha crítica, até seu conterrâneo espanhol José Martín-Serrano (2018), autor de um livro icônico e denso, *A mediação social*.

A polissemia – isto é, a profusão de sentidos, muitos deles, contraditórios entre si – parece pairar permanentemente sobre o termo "mediação", aumentando o desafio de encaminhá-lo para uma definição satisfatória. Essa premissa deu abertura para a reconstrução epistemológica do conceito, justificada pela necessidade de aclarar o que seria exatamente a mediação tecnológica na educação, cujo assunto foi estudado em profundidade pelo autor que vos fala, em minha tese de doutorado intitulada *Mediação tecnológica na educação: conceito e aplicações* (Consani, 2008).

Na práxis educomunicativa a mediação é sempre um processo dinâmico que se estabelece a partir de (1) um agente determinado, orientado por (2) uma intencionalidade educativa e (3) com base numa série de pressupostos de polifonia, dialogicidade, horizontalidade e protagonismo do educando e (4) um desenho prévio que inclui metas, fases e indicadores de resultados quanti/qualitativos. Essa visão me autoriza a enunciar que a mediação é a essência do trabalho dos educomunicadores.

Educomunição

PARTICIPAÇÃO: no senso comum podemos considerar vários graus de participação, sendo que, no sentido político, é possível, inclusive, avaliar a qualidade de nossa democracia pela disponibilidade de canais e de estímulos à participação direta dos cidadãos e cidadãs. O conceito de participação ostenta também uma complexidade inerente à sua condição simultânea de direito e de dever. Isso parece criar um paradoxo: enquanto direito, podemos usufruir da possibilidade de exercê-lo ou não com base em uma opção particular, entretanto, o não exercício da participação pode resultar no seu enfraquecimento e, eventualmente, na supressão de sua existência.

Assim, a preocupação com a coletividade (o que algumas vezes chamamos de "pacto social") justificou o estabelecimento de deveres cívicos legais – isto é, de participação compulsória –, tais como pagar impostos, cumprir o serviço militar e votar. O enquadramento dessa participação no sistema legal garante seu cumprimento mediante a ameaça de sanções e punições.

Esse nível básico – e compulsório – da participação está longe dos parâmetros educomunicativos, uma vez que não manifesta um grau de consciência política e cidadã. Também destoa da EC a motivação individualista (evitar reprimendas) ao invés de um reconhecimento legítimo de se identificar com as causas e demandas sociais (coletivas). Invertendo essa ordem, podemos abstrair o que seria a participação buscada pela abordagem educomunicativa como a construção dialógica da consciência política/cidadã que vai resultar no engajamento do educando quando este se reconhece corresponsável para concretizar a transformação social que buscamos.

PEDAGOGIA DO OPRIMIDO: a afiliação filosófica que a educomunicação reivindica de Paulo Freire é relacionada, nos mais das vezes, à obra clássica do autor. Daí vem a noção de que a educomunicação "milita" – e este verbo é corriqueiramente utilizado – em prol de um projeto transformador das relações na sociedade a partir da educação. Assim, pode-se dizer que a educomunicação assume uma postura ativa para concretizar, por meio de ações educativas que promovam o diálogo, a conscientização social, a

150

Vocabulário básico da educomunicação

solidariedade, a cultura da paz, a tolerância, a diversidade e tudo mais que possa concretizar em nosso meio a melhor versão da nossa sociedade, ainda mais, nesta fase histórica de incertezas e contradições.

Nesse ponto, a inspiração freireana revela-se também altamente idealista e utopista, como o próprio autor expressou no vídeo *Debate: o futuro da escola* (1995), em uma conversa com Papert (MIT), ao dizer que "é possível que eu seja ingênuo, mas eu prefiro tombar na ingenuidade esperançosa de um dia poder mudar do que cruzar os braços hoje na desistência fatalista de que não é possível mudar" (Freire, 1995). Ressalta-se ainda que Freire (como muitos de seus educadores contemporâneos) teve uma formação profundamente enraizada no cristianismo católico, de modo que há quem o classifique como um reformista radical, enquanto outros o consideram um revolucionário pacifista. De fato, a despeito dos elementos socialistas presentes em sua construção teórica e das menções pontuais a personagens históricos do comunismo (Mao-Tsé-Tung, Guevara, Castro) e do anarquismo (Ivan Illich), ao que se saiba, Freire nunca pregou a luta armada ou a substituição total do sistema político-econômico no Brasil.

O conjunto dessas ideias repercutiu sobre mais de uma geração de ativistas e estudiosos da comunicação, todos eles preocupados com os efeitos deletérios da comunicação social promovida por grupos hegemônicos que se orientam por interesses sociais políticos e econômicos elitistas e classistas com o objetivo de manter seu *status quo* em sociedades desiguais e excludentes. Ao lado das contribuições eminentemente pragmáticas de Mario Kaplún (aliás, confessadamente influenciado por Freire), é possível mapear de onde se originam as "cláusulas pétreas" que mobilizam a educom.

Entretanto, o próprio Freire, como escritor bastante prolífico, se ocupou em desenvolver seu ideário e reposicionar a ênfase sobre a autonomia e a afetividade em suas últimas obras e em suas entrevistas publicadas postumamente.

POLÍTICAS PÚBLICAS: a ideia de que as PP's sejam uma responsabilidade exclusiva do Estado parece ter induzido a um "vício cognitivo" de expectativa permanente de que *os governos* – a construção plural

Educomunição

se justifica pela transitoriedade dos governantes no poder – tomem todas as providências necessárias para garantir a efetivação de direitos constitucionais. Embora o Estado tenha, sim, que ser constantemente lembrado (e cobrado) em seus deveres, a ideia de participação popular insere o protagonismo do cidadão como um balizador decisivo para o cumprimento do marco legal.

Além disso, desobrigar o governo a desempenhar o papel que lhe é atribuído abre espaço para uma precarização desses mesmos serviços (que, na verdade são direitos), prejudicando a qualidade de vida das classes menos favorecidas. Quando isso ocorre, em geral, há um processo lento de deterioração da coisa pública, que acaba servindo de argumento para a substituição de suas funções por serviços privados. Isso pode acontecer numa ordem progressiva que vai do subsídio parcial à contratação direta antes da total cessão do direito de explorar (este é o verbo) os serviços em questão.

Essa lógica de substituir o que na origem seria um direito do cidadão por um serviço pago é a própria essência do desmonte do Estado, geralmente anunciado como um aprimoramento visando a melhoria das condições para o exercício da cidadania. Fundamentalmente, trata-se de uma troca do cidadão pelo consumidor, perspectiva vista com bastante otimismo no final dos anos 1990, mas que, na prática, não entregou os resultados esperados. Indicadores objetivos desta afirmação podem ser encontrados no percentual de impostos pagos (não diminuiu), índice de desemprego/desalento/desocupação (aumentou) e na ausência sentida de serviços importantes nas áreas de cultura, serviço social e, é claro, educação.

TERCEIRO SETOR: a classificação de atividades com base no setor de origem do capital financiador pode soar, hoje em dia, como inadequada ou insuficiente para caracterizar a natureza ou finalidade de uma atuação institucional. Mesmo assim, há que se considerar o conceito de cultura corporativa/institucional que se estabeleceu ao longo de várias décadas, definindo uma atitude laboral facilmente identificável.

Numa avaliação otimista, a disseminação de uma cultura de responsabilidade social aliada à profissionalização de organizações da sociedade civil garantiu recursos para que a mediação estatal fosse complementada – e por vezes até substituída – pela atuação de fundações, associações e outras entidades de caráter não lucrativo.

As profundas transformações sofridas pela economia mundial a partir do paradigma da globalização, e que se acentuaram bastante na virada dos anos 1980-1990, passaram a ditar tendências que impactam ainda hoje a relação entre as organizações governamentais, supranacionais, de direito privado ou sob qualquer outra classificação que possam ser validadas conceitualmente. Entretanto, a inspiração claramente neoliberal dessas mudanças não pode se sobrepor às obrigações éticas e práticas implicadas na convivência em sociedades humanas nesta era "pós-industrial". Conclusão: independentemente de seu enquadramento legal, as demandas que justificaram o surgimento do terceiro setor terão que ser atendidas com maior ou menor urgência, em arranjos que satisfaçam os anseios de todos os estratos da pirâmide social. Qualquer outra alternativa equivale a optar pelo colapso das sociedades.

Referências

ASSEMBLEIA GERAL DA ONU. Declaração Universal dos Direitos Humanos, 1948. Disponível em: https://www.unicef.org/brazil/declaracao-universal-dos-direitos-humanos. Acesso em: 25 mar. 2024.

BOHM, D. *Diálogo*: comunicação e redes de convivência. São Paulo: Palas Athena, 2005.

BRASIL. Ministério da Educação. Base Nacional Comum Curricular. Brasília, 2018.

_____. Constituição da República Federativa do Brasil de 1988 (Redação dada pela Emenda Constitucional nº 90, de 2015). Brasília, Casa Civil, 1988.

BUCKINGHAM, David. The trouble with 'information literacy'. Texto na homepage pessoal do autor, 2017. Disponível em: https://davidbuckingham.net/2023/01/04/the-trouble-with-information-literacy/#more-4641. Acesso em: 10 jan. 2024.

_____. *Manifesto pela educação midiática*. São Paulo: Ed. Sesc, 2022.

CITELLI, A.; NONATO, C.; FIGARO, R. Ismar de Oliveira Soares: a memória dos estudos comunicativos-educativos e da educomunicação no Brasil. *Comunicação & Educação*, v. 26, n. 1, p. 156-166, 2021.

CONSANI, Marciel A. *Mediação tecnológica na educação*: conceito e aplicações. São Paulo, 2008. Tese (Doutorado em Ciência da Comunicação) – Escola de Comunicação e Artes-USP. Disponível em: https://www.teses.usp.br/teses/disponiveis/27/27154/tde-27042009-115431/pt-br.php. Acesso em: 20 abr. 2024.

_____. Arte-educação, educomunicação e artemídia: diálogos na fronteira entre o digital e o sensorial. In: VIANS, SOARES; BRASIL. *Educomunicação e suas áreas de intervenção*: novos paradigmas para o diálogo intercultural. São Paulo, ABPEducom. p. 841-848, 2017. Disponível em https://abpeducom.org.br/publicacoes/index.php/portal/catalog/view/1/1/115-1. Acesso em: 20 abr. 2024.

COSTA BUENO, Wilson da. Jornalismo científico: conceito e funções. *Ciência e Cultura*, 1985. Disponível em: https://biopibid.paginas.ufsc.br/files/2013/12/Jornalismo-cient%C3%ADfico-conceito-e-fun%C3%A7%C3%A3o.pdf. Acesso em: 25 mar. 2024

CUNHA, Antônio Geraldo da. *Dicionário etimológico da língua portuguesa*. Rio de Janeiro: Lexikon, 2010.

ESPANHA. Ministerio para la Transición Ecológica y el Reto Demográfico. Plan de Recuperación, Transformación y Resilencia – Plan Nacional de Capacidades Digitales (digital skills). Miteco, Madrid, 2023. Disponível em: https://planderecuperacion.gob.es/politicas-y-componentes/componente-19-plan-nacional-de-competencias-digitales-digital-skills. Acesso em: 15 fev. 2024.

Educomunição

FOUCAULT, Michel. *As palavras e as coisas*: uma arqueologia das ciências humanas. São Paulo: Martins Fontes, 1999.

FREIRE, Paulo R. *Educação como prática da liberdade*. Rio de Janeiro: Paz e Terra, 1967.

_____. *Pedagogia do oprimido*. Rio de Janeiro: Paz e Terra, 1987.

_____. *Pedagogia da autonomia*: saberes necessários à prática educativa. Rio de Janeiro: Paz e Terra, 1996.

GUTIERREZ, Francisco. *Educação como práxis política*. São Paulo: Summus, 1998.

JONAS, Hans. *O princípio responsabilidade*: ensaio de uma ética para a civilização tecnológica. Rio de Janeiro: Contraponto/Ed. PUC-Rio, 2006.

KAPLÚN, M. *El Comunicador Popular*. Quito, Ciespal-Cesap-Radio Nederland, 1985.

_____. *Una Pedagogia de La Comunicación*. Madrid: Ediciones de la Torre, 1998.

KUHN, Thomas. *A estrutura das revoluções científicas*. São Paulo: Perspectiva, 1998.

LAGO, Claudia; VIANA, Claudemir Edson (Org.). *Educomunicação*: caminhos da sociedade midiática pelos direitos humanos. São Paulo: ABPEducom/NCE-USP/Universidade Anhembi Morumbi, 2015.

LIMA, Gracia Lopes. *Educação pelos meios de comunicação*: produção coletiva de comunicação na perspectiva da educomunicação. São Paulo, 2009. Tese (Doutorado em Educação) – Faculdade de Educação – USP. Disponível em: https://www.teses.usp.br/teses/disponiveis/48/48134/tde-29042009-152804/pt-br.php. Acesso em: 20 abr. 2024.

LOPES, Paula C. Literacia(s) e literacia mediática. Centro de Investigação e Estudos de Sociologia do Instituo Universitário de Lisboa. Lisboa, CIES/IUL, 2011. Disponível me: https://repositorio.ual.pt/bitstream/11144/195/1/literacia%28s%29%20e%20literacia%20mediatica.pdf. Acesso em: 15 jan. 2024.

MANDEL, Ernest. *O capitalismo tardio*. São Paulo: Abril, 1982.

MARTÍN-BARBERO, Jesús. *Dos meios às mediações*: comunicação, cultura e hegemonia. Rio de Janeiro: Ed. UFRJ, 2013.

MORIN, Edgar. *Introdução ao pensamento complexo*. Porto Alegre: Meridional/Sulina, 2005.

MORSY, Zaghlou (Ed.). *Media education*. Paris: Unesco, 1984.

OROZCO-GÓMEZ, Guillermo. *Educomunicação*: recepção midiática, aprendizagem e cidadania. São Paulo: Paulinas, 2014.

ORTIZ, F. C.; SUZUKI, J. C.; LIMA DE CASTRO, R. C. M. *Cidades MIL*: indicadores, métricas e casos organizadores. São Paulo: Unesco, FFLCH/USP, Prolam/USP, 2022.

SASSAKI, Romeu Kazumi. Terminologia sobre deficiência na era da inclusão, 2011. Disponível em: https://www2.camara.leg.br/a-camara/estruturaadm/gestao-na-camara-dos-deputados/responsabilidade-social--e-ambiental/acessibilidade/glossarios/terminologia-sobre-deficiencia-na-era-da-inclusao. Acesso em: 25 mar. 2024.

SCHAUN, Angela. *Educomunicação*: reflexões e princípios. Rio de Janeiro: Mauad, 2002a.

_____. *Práticas educomunicativas*: grupos afrodescendentes em Salvador-Bahia. Rio de Janeiro: Mauad, 2002b.

SERRANO, Manuel M. *La Mediación Social*. Madrid: Akal, 2018.

SINGER, Helena. *República de crianças*. São Paulo: Mercado de Letras, 2010.

SILVA, Mauricio da. *Cartas a Teodora*: confluências entre a abordagem triangular do ensino das artes e culturas visuais e a educomunicação para uma arteducomunicação decolonial. 2021. Tese (Doutorado em Teoria, Ensino e Aprendizagem) – Escola de Comunicações e Artes, Universidade de São Paulo, São Paulo, 2021. Disponível em: doi:10.11606/T.27.2021.tde-27042022-112654. Acesso em: 10 fev. 2024.

_____. *A contribuição da abordagem triangular do ensino das artes e culturas visuais para o desenvolvimento da epistemologia da educomunicação*. São Paulo, 2016. Dissertação (Mestrado em Teoria, Ensino e Aprendizagem) – Escola de Comunicações e Artes, Universidade de São Paulo. Disponível em: doi:10.11606/D.27.2017.tde-03022017-163215. Acesso em: 10 fev. 2024.

SILVA, G. C. E. A polêmica Paulo Freire e Ivan Illich: notas sobre educação e transformação. *Revista Sul-Americana De Filosofia e Educação*, v. 24, 102–120, 2016. https://doi.org/10.26512/resafe.v0i24.4743.

SOARES, Ismar de Oliveira. Comunicação/ Educação: A emergência de um novo campo e o perfil de seus profissionais. *Contato*: revista brasileira de comunicação, arte e educação, ano 1, n. 2; Brasília: Senado Federal, 1999.

_____. Educomunicação: as perspectivas do reconhecimento de um novo campo de intervenção social o caso dos Estados Unidos. *EccoS Revista Científica*, Uninove, São Paulo, v. 2, n. 2, pp. 61-80, 2000.

_____. *Alfabetização e educomunicação*: o papel dos meios de comunicação e informação na educação de jovens e adultos ao longo da vida. São Paulo, NCE/USP, 2005. Disponível em https://www.usp.br/nce/wcp/arq/textos/89.pdf. Acesso em 12 mar. 2024.

_____. *Educomunicação*: o conceito, o profissional, a aplicação – contribuições para a reforma de ensino médio. São Paulo: Paulinas, 2011. *E-book*. (Portuguese Edition)

_____. Educomunicazione. In: LEVER, Franco; RIVOLTELLA, Pier Cesare; ZANACCHI; Adriano (Eds.). *La comunicazione*. Dizionario di scienze e tecniche, 2016 [2002]. Disponível em: www.lacomunicazione. it Acesso em: 17 nov. 2023.

_____. A educomunicação possível: uma análise da proposta curricular do MEC para o ensino básico. *Comunicação & Educação*, v. 21, n. 1, 13-25, 2016. Disponível em: https://doi.org/10.11606/issn.2316-9125. Acesso em: 21 maio 2024.

SOARES, Ismar de Oliveira; VIANA, Claudemir Edson; XAVIER, Jurema Brasil. Educomunicação e suas áreas de intervenção: novos paradigmas para o diálogo intercultural, 2017. Disponível em: https://abpeducom. org.br/publicacoes/index.php/portal/catalog/book/1. Acesso em: 25 mar. 2024

SOARES, Magda. *Alfabetização e letramento*. São Paulo: Contexto, 2018.

TAVARES Jr., Renato. *Educomunicação e expressão comunicativa*: a produção radiofônica de crianças e jovens no projeto Educom.rádio. São Paulo, 2007. Dissertação (Mestrado) – Escola de Comunicação e Artes-USP, 2007.

TORI, R. Tecnologia e metodologia para uma educação sem distância. *Rede*, São Paulo, v. 2, n. 2, p. 47, 2005.

TRILLA, Jaume. A educação não-formal. In: ARANTES, Valéria Amorim (org.). *Educação formal e não-formal*. São Paulo: Summus, 2008.

UNESCO. Cultura de paz no Brasil. 2024. Disponível em: https://www.unesco.org/pt/node/103830. Acesso em: 25 mar. 2024.

_____. Declaração de Grünwald sobre Educação para os Media. Grünwald, 1982. Disponível em: https:// milobs.pt/wp-content/uploads/2018/06/Declaracao-de-Grunwald.pdf. Acesso em: 10 jan. 2024. Versão original do documento: https://milobs.pt/wp-content/uploads/2018/06/The-Gr%C3%BCnwald-Declaration-on-Media-Education.pdf. Acesso em: 10 jan. 2024.

VIANA, Claudemir E. A educomunicação possível: teorias da educomunicação revisitadas por meio de sua práxis. In: SOARES, I. de O.; VIANA, C. E.; XAVIER, J. B. *Educomunicação e suas áreas de intervenção*: novos paradigmas para o diálogo intercultural. São Paulo: ABPEducom, 2017.

WILSON, Carolyn et al. *Alfabetização midiática e informacional*: currículo para formação de professores. Brasília: Unesco-UFTM, 2013.

Sites Consultados

ABPEDUCOM – https://abpeducom.org.br/.

BASE EDUCOM – https://baseeducom.com.br/.

BACHARELADO EM COM. SOCIAL COM HABILITAÇÃO EM EDUCOMUNICAÇÃO DA UFCG/ PB – https://portal.ufcg.edu.br/graduacao/cursos-graduacao/759-comunicacao-social-ch-d.html.

DIREITOS DA DEFICIÊNCIA – https://www2.camara.leg.br/a-camara/estruturaadm/gestao-na-camara-dos-deputados/responsabilidade-social-e-ambiental/acessibilidade/glossarios/terminologia-sobre-deficiencia-na-era-da-inclusao.

ECA/USP – https://www.eca.usp.br/es/node/124.

ECA –Estatuto da Criança e do Adolescente – https://www.gov.br/mdh/pt-br/navegue-por-temas/crianca-e-a-dolescente/publicacoes/eca-2023.pdf .

EDUCOM SAÚDE – https://www.saude.sp.gov.br/coordenadoria-de-controle-de-doencasvetores/conteudo-do-banner-central/educom-saude-sp.

ESCOLA DA PONTE – https://educacaointegral.org.br/experiencias/escola-da-ponte-radicaliza-ideia-de-autonomia-dos-estudantes/.

IMPRENSA JOVEM – https://heyzine.com/flip-book/81b18255f5.html#page/1.

JORNAL DA USP – https://jornal.usp.br/.

LICENCIATURA EM EDUCOMUNICAÇÃO – ECA/USP – https://www.eca.usp.br/cca/licenciatu-ra-em-educomunicacao-0#:~:text=O%20curso%20de%20Licenciatura%20em,projetos%20de%20educa%C3%A7%C3%A3o%20%C3%A0%20dist%C3%A2ncia.

PAULO FREIRE – https://www.memorial.paulofreire.org/.

PORTAL REDALYC – https://www.redalyc.org/pdf/1051/105115264024.pdf.

PORTAL REDEDUCOM – https://www.rededucom.org/.

REVISTA COMUNICAR – https://www.revistacomunicar.com/index.php?&idioma=pt.

REVISTA NÓMADAS – https://www.ucentral.edu.co/investigacion/revista-nomadas.

SUDBURY – https://sudburyvalley.org/essays/academic-failure-and-democratic-schooling.

VOLP – https://www.academia.org.br/nossa-lingua/busca-no-vocabulario.

O autor

Marciel Consani é doutor em Ciência da Comunicação pela Escola de Comunicações e Artes da Universidade de São Paulo (ECA-USP) e graduado em Artes/Música, com especialização em Tecnologias Interativas Aplicadas à Educação (PUC-SP) e licenciatura plena em Educação Artística (Centro Universitário Belas Artes), além de bacharel em Música (USJT). Realizou seu pós-doutorado junto ao Instituto de Artes da Universidade Estadual de Campinas (IA-Unicamp). Atualmente orienta e leciona no Programa de Pós-Graduação em Integração da América Latina (Prolam/USP), é coordenador pedagógico e atua como professor na licenciatura em Educomunicação do Departamento de Comunicação e Artes (CCA-ECA/USP). Publicou pela Editora Contexto o livro *Como usar o rádio na sala de aula*.

GRÁFICA PAYM
Tel. [11] 4392-3344
paym@graficapaym.com.br